Johannes Simang
Staakener Hoffnungsgeschichten
Staakener Geschichte einfach erzählt

Gewidmet:

Meiner Frau Heidi

und allen Staakenern, die hier gern leben

Johannes Simang

Staakener Hoffnungsgeschichten

Staakener Geschichte einfach erzählt

Ein Lesebuch

Bilder: gemeinfrei oder KI-generiert

Bibliografische Information der Deutschen Nationalbibliothek: Die Deutsche Nationalbibliothek verzeich-
net diese Publikation in der Deutschen Nationalbib-
liografie; detaillierte bibliografische Daten sind im
Internet über dnb.dnb.de abrufbar.

Verlag: BoD · Books on Demand GmbH,
Überseering 33, 22297 Hamburg, bod@bod.de
Druck: Libri Plureos GmbH,
Friedensallee 273, 22763 Hamburg

Weitere Bücher des Autors
                        unter ‚bod Johannes Simang‘
ISBN: 978-3-8192-6755-0

Inhalt

Vorwort

Dieses Buch ist ein Lesebuch. „Die Geschichten Staakens – von der Urgeschichte bis in die Zukunft". Dieses Buch entführt Sie auf eine Reise durch die Jahrhunderte, in die Seele eines Ortes, der in seinem Wesen so vielschichtig ist, wie die Geschichten, die ihn geprägt haben. Staaken ist nicht nur ein geografischer Punkt auf der Landkarte, sondern ein lebendiger Raum voller Erinnerungen, Hoffnungen und Veränderung.

In den Seiten dieses Werkes begegnen Sie sowohl vertrauten als auch vergessenen Figuren, die ihre Erlebnisse und Perspektiven auf Staaken im Laufe der Jahrhunderte teilen. Mit jedem Kapitel lassen wir die Stimmen von Menschen wie Prediger Wendt, Andreas Brunsicke, Diakon Ziegler und Lehrer Karl Schulz wiederaufleben. Sie erzählen uns von der Urgeschichte Staakens, seinen Anfängen und den politischen, sozialen und kulturellen Umwälzungen, die diesen Ort geformt haben. Ihre Erzählungen sind nicht nur Chroniken der Vergangenheit, sondern auch Spiegel der menschlichen Erfahrung: von Kämpfen, Triumphen und dem unaufhörlichen Streben nach Frieden und Gemeinschaft.

Diese in Form von Novellen präsentierten Geschichten sind nicht nur historische Fakten, sondern lebendige Geschichten, die das Herz und die Seele Staakens verkörpern. Durch ihre Erzählungen erfahren wir von der Entstehung des Dorfes, der Auswirkung der Reformation, der Herausforderungen und Errungenschaften des 17. und 18. Jahrhunderts, bis hin zu den Umbrüchen des 19. und 20. Jahrhunderts. Jeder Erzählstrang ist ein Fundament, das die Brücke zur Gegenwart schlägt und zugleich den Blick in die Zukunft öffnet.

Das Buch schließt mit einem Blick in die Zukunft, der uns daran erinnert, dass Geschichte niemals aufhört. Die Geschichten, die hier erzählt werden, sind nicht nur Überreste der Vergangenheit; sie sind lebendig und inspirierend für kommende Generationen. Staaken wird sich weiterentwickeln, und wir sind alle eine Zeitlang Teil dieser fortwährenden Erzählung.

Ein wichtiges Ziel dieses Werkes ist es, das Bewusstsein für die Bedeutung unseres kulturellen Erbes zu schärfen und auf die Verantwortung hinzuweisen, die wir tragen, um die Geschichte lebendig zu halten. So nehmen wir Fragen auf: Woher kommen wir? Wer sind wir? Und wohin wollen wir gehen? Möchten wir als Gemeinschaft zusammenstehen und die Lehren der Vergangenheit in die Zukunft tragen?

Auf den folgenden Seiten laden wir Sie ein, den alten und neuen Geschichten Staakens zu lauschen, sich von seiner Historie verzaubern zu lassen und eine Vorstellung von der Zukunft zu entwickeln, die wir gemeinsam gestalten können. Mögen die Worte hier ein Licht auf den Pfad werfen, der vor uns liegt, und die Herzen jener inspirieren, die bereit sind, die Geschichten Staakens weiterzuerzählen.

Viel Freude beim Lesen!   Johannes Simang

Teil I

Prediger Wendt erzählt die Geschichte Staakens bis zur Reformation

„Die Geschichte von Staaken ist reich und vielfältig, und es gibt viele interessante Dinge, die die Menschen im Dorf wissen müssten", dachte sich Prediger Wendt, der am Anfang der Reformationszeit als Spandower Diakon für den Dienst in Staaken zuständig war. Er wusste, dass die Menschen hier nur Arbeit kannten. Alle lebten als arme Pächter oder Kossäten. Reiche Bauern gab es hier nicht, denn solche Ackerbürger lebten in der Stadt Spandow und ließen eben Kossäten und Pächter hier ‚ackern', im wahrsten Sinne des Wortes. Das merkte der Diakon immer in der Zeit der Saat und der Ernte. In den Zeiten dazwischen aber kamen sie zur Gemeinde. Dann hielt er mit den Kindern Schule, lehrte sie lesen, schreiben, rechnen und vor allem alle katechetischen Dinge; mit den Erwachsenen feierte er Gottesdienste, aber auch sie bedurften des katechetischen Unterrichts. Nun wollte er sie zu Staakenern machen, also zu Menschen, die eine Identität hatten. So begann er …

Kap.1 - Die Urgeschichte von Staaken

„Ihr Lieben, heute möchte ich euch eine Geschichte über unser Dorf Staaken erzählen. Wusstet ihr, dass hier schon vor sehr, sehr langer Zeit Menschen gelebt haben? Ihr seid fast alle etwa 12 Jahre alt. Ich bin schon über 30 Jahre alt. Man hat aber sogar alte Schädelknochen in Staaken gefunden, die zeigen, dass schon vor etwa **55.000 Jahren** einfache Menschen hier waren, noch bevor der Homo sapiens lebte.

Der Homo sapiens ist die wissenschaftliche Bezeichnung für den Menschen, wie wir ihn heute kennen. Das bedeutet, wenn wir sagen „Homo sapiens", dann sprechen wir von dir, von mir und von allen anderen Menschen auf der Welt!

Die ersten Homo sapiens lebten vor etwa 300.000 Jahren in Afrika. Manche behaupten, es gab sie auch schon vor Millionen Jahren. Sie waren unsere Vorfahren, das heißt, sie waren die Menschen, aus denen wir heute alle entstanden sind.

Homo sapiens hatten einige besondere Fähigkeiten, die sie von anderen Lebewesen unterschieden. Zum Beispiel: Denken und Planen: Homo sapiens können Dinge planen und sich vor allem Dinge vorstellen, die noch nicht geschehen sind. Sie hatten *Fantasie* und konnten sich auch Geschichten ausdenken.

Sie konnten sprechen und sich mit anderen Menschen unterhalten. Durch die Sprache konnten sie auch Ideen und Gefühle teilen. Ja, Tiere kommunizieren auch, aber wir wissen nicht genau wie.

Homo sapiens haben auch angefangen, Kunstvolles zu gestalten, wie Höhlenmalereien, Schmuck,

Musik und später auch Bücher. Ihr macht heute Erntekränze. Sie haben auch Traditionen und Bräuche entwickelt, die von Generation zu Generation weitergegeben wurden, wie wir Ostern, Pfingsten, als den Geburtstag der Kirche, das Erntefest als Erntedank feiern und Weihnacht, die Geburt des Herrn.

Sie haben Werkzeuge erfunden, um ihre Arbeit zu erleichtern, zum Beispiel Steine, um zu jagen oder um Essen zuzubereiten.

Homo sapiens sind die einzigen Überlebenden einer Gruppe von verschiedenen Menschengruppen, die früher auf der Erde lebten. Das bedeutet, es gab auch andere ‚Menschenarten‘, aber nur der Homo sapiens hat es geschafft, bis heute zu leben.

Homo sapiens ist also unser Name als Mensch und bedeutet, dass wir denken, sprechen und kreativ sein können.

In der jüngsten Bronzezeit, das war um 900 Jahre vor Christus, haben Menschen hier an diesem Ort auch gewohnt und sie haben sogar Werkzeuge benutzt, die man in der Nähe gefunden hat.

Was war also die Bronzezeit?

Die Bronzezeit begann vor ungefähr 3.500 Jahren und dauerte bis etwa 800 vor Christus. Es ist eine ganz besondere Zeit in der Geschichte, weil die Menschen damals etwas Großartiges entdeckt haben: Sie lernten, wie man Bronze macht!

Was ist Bronze überhaupt?

Bronze ist ein Metall, das entsteht, wenn man Kupfer und Zinn miteinander mischt. Diese Mischung ist viel stärker als die Metalle, die die Menschen vorher benutzt haben, wie Stein oder reines Kupfer. Mit Bronze konnten die Menschen bessere Werkzeuge, Waffen und sogar schöne Schmuckstücke machen.

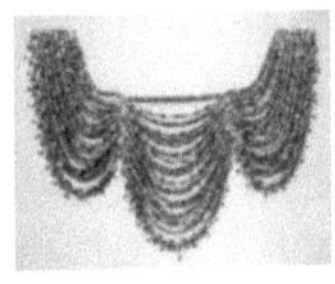

Was passierte also in der Bronzezeit?

Man schuf bessere Werkzeuge und Waffen. Durch die neue Bronze konnten die Menschen viel besser jagen und arbeiten. Sie stellten Axtköpfe und Speere her, die stabiler und schärfer waren. Das half ihnen, Obst und Gemüse leichter anzubauen und Tiere besser zu jagen.

In der Bronzezeit lebten die Menschen oft in Dörfern wie wir Staakener, die dann schnell größer wurden. Man baute nicht nur einfache Häuser, sondern auch riesige Burgen oder Tempel, die oft von Mauern umgeben waren. Ihr habt vielleicht schon von der alten Slawenburg in Spandow gehört. Die stand dort, wo heute das Schloss ist.

Und die Menschen begannen, miteinander zu handeln. Das bedeutet, sie tauschten Dinge aus, die sie selbst nicht hatten. Zum Beispiel konnten einige Regionen viel Kupfer oder Zinn finden und dafür

Lebensmittel, Stoffe oder andere Waren bekommen.

Die Menschen in der Bronzezeit waren auch sehr kreativ! Sie schufen wunderschöne Töpferwaren, Schmuck und sogar beeindruckende Statuen. Außerdem begannen viele Völker, Geschichten und Mythen zu erzählen, die von Generation zu Generation weitergegeben wurden.

In dieser Zeit begannen die Menschen auch, sich in Gruppen zu organisieren und Anführer zu wählen. Es entstanden wichtige Personen wie Könige oder Häuptlinge, die das Sagen hatten. Das ist so ähnlich, wie heute der Kurfürst, seine Markgrafen oder die Ratsherren in Spandow. Mit denen muss unser Dorfschulze immer verhandeln müssen.

Warum ist also die Bronzezeit wichtig?

Die Bronzezeit war ein echter Wendepunkt für die Menschen! Diese Zeit brachte viele neue Ideen und Erfindungen mit sich, die das Leben der Menschen erleichterten. Viele der Dinge, die in dieser Zeit passierten, haben die Welt geprägt, wie wir sie heute kennen.

Wenn ihr also einen Metallgegenstand in der Erde seht, was ja auf den Feldern oft vorkommt, denkt daran, dass alles seinen Ursprung in dieser Zeit hat!"

Kap. 2 - Die Entstehung des Dorfes Staaken

Unser Dorf Staaken wurde zum ersten Mal im Jahr **1273** urkundlich erwähnt, also vor fast 270 Jahren. Zu dieser Zeit gab es edle Ritter, die das Land für ein Kloster, das sich um die Menschen kümmerte, übertrugen. Diese Ritter hießen **Heinrich und Arnold von Döberitz**, und sie gaben das Land, damit Nonnen dort leben und arbeiten konnten. So wurde Staaken ein Pfarrdorf, in dem die Menschen zusammenkamen, um zu beten und zu feiern. Und durch das Kloster hatten sie Arbeitsaufträge, was auch Handwerker anlockte.

In den Jahren danach wurde Staaken immer bekannter. Im Jahr **1292** kaufte der Magistrat von Spandow unser Dorf, damit die Menschen hier unter dem Schutz der Stadt leben konnten. Das bedeutet, dass sie dort sicher waren und auch Geschäfte machen konnten. Im Jahr **1308** wurde dann erstmals der Priester von Staaken namentlich erwähnt, sein Name war **Johannes von Morzahn**. Er kümmerte sich um die Menschen und half ihnen in ihrem Glauben.

Ein ganz wichtiger Moment in der Geschichte von Staaken war, als die Menschen im Jahr **1320** von den **Steuern befreit** wurden. Das heißt, sie mussten keinen Zoll mehr zahlen, wenn sie nach Spandow gingen. Und auch der Herzog von Sachsen gab uns im Jahr 1321 diese Freiheit. Das war ein großer Grund zur Freude für alle in Staaken!

Diese kleinen Geschichten aus der Vergangenheit helfen uns zu verstehen, woher wir kommen. Staaken ist nicht nur ein Dorf, sondern ein Ort mit viel Geschichte und vielen Menschen, die hier gelebt und gearbeitet haben. Hier haben viele Generationen von Menschen ihre Spuren hinterlassen!

Kap. 3 – Das 14. Jahrhundert

Vor vielen, vielen Jahren (1336) gab es einen Streit zwischen den Menschen von Spandow und den Bauern aus Staaken. Es ging um eine Lehmgrube! Wofür brauchte man damals Lehm?
Lehm ist ein ganz besonderes Material, das viele verschiedene Verwendungsmöglichkeiten hat.
Früher haben die Menschen Lehm benutzt, um Häuser zu bauen. Sie vermischten ihn mit Stroh, Wasser und anderen Sachen, um eine starke und feste Mischung zu machen. Das ließ man in der Sonne trocknen, wo es hart wie Stein wurde. So entstehen Lehmziegel! Diese Lehmziegel wurden dann in die Wände der Häuser eingesetzt. So blieben die Häuser warm und trocken!

Mit Lehm konnte man auch Dinge wie Töpfe machen, Schalen und Teller. Die Menschen formten den Lehm in die gewünschten Formen und erhitzten die Töpferwaren dann in einem Ofen, damit sie hart und stabil wurden. So hatten sie Geschirr, um ihr Essen aufzubewahren und zu servieren.

Lehm wurde auch für den Bau von Feuerstellen und Öfen verwendet. Diese waren wichtig, um Essen zu kochen und zu backen. Lehm hielt die Hitze gut, sodass die Lebensmittel richtig garen konnten.

Manche Menschen benutzten Lehm auch, um Figuren oder Ornamente zu formen. Sie konnten den Lehm bemalen und so wunderschöne Kunstwerke schaffen, die ihre Häuser schmückten.

Außerdem half Lehm, die Temperatur in den Häusern zu regulieren. Im Winter hielt Lehm die Wärme drinnen und im Sommer die Kühle. So blieben die Menschen halbwegs geschützt vor der Hitze und Kälte.

Lehm war ein wichtiges Material in der Vergangenheit! Die Menschen nutzten ihn für viele Dinge, die ihren Alltag erleichterten.

Diese Grube war auf dem Land der Bauern, und der Lehm, den sie dort gruben, sollte eigentlich allen nützen. Es ist wichtig, dass wir lernen, wie die Menschen Lösungen für ihre Probleme fanden, anstatt nur zu streiten. Auch heute müssen wir mitunter um die richtigen Lösungen kämpfen und gut miteinander reden.

Im Jahre **1344** gab es einen Weg, der Spandow mit Brandenburg verband? Dieser Weg wurde später als der „Gemeine Weg" bekannt, also der Weg, den man allgemein nutzte, und dieser war sozusagen die Hauptstraße von Staaken. Es ist wichtig zu wissen, dass Straßen den Menschen halfen, ihre Waren zu transportieren und Freunde zu besuchen. Es hat also schon immer Menschen gegeben, die sich auf den Weg gemacht haben! Und noch heute bringen wir unser Obst und Gemüse, was wir nicht selbst verzehren zum Markt nach Spandow. Manche transportieren alles über den Bullengraben nach Spandow, aber dazu braucht es ein Boot, das haben nur wenige Bauern in Staaken.

In der Zeit von Kaiser Karl IV., also um **1352** gab es eine **Mühle** in Staaken, die mit einer anderen Mühle in Berlin verbunden wurde. Diese Mühlen waren wichtig, weil die Menschen dort ihr Getreide mahlen konnten, um Brot zu backen. Manchmal haben Stadträte oder Kurfürsten sogar ein Patent erlassen, das festlegte, welche Dörfer *wo* ihr Mehl mahlen durften. Unsere Vorfahren waren also sehr organisiert!

So ist bekannt, dass im Jahr 1710 durfte eine große Gruppe von Dörfern, zu denen auch Staaken gehörte, nur an dieser bestimmten Mühle ihr Getreide mahlen. Das zeigt, wie wichtig es war, dass jeder wusste, wo er hingehen konnte, um die besten Produkte zu bekommen.

Kap. 4 – Staaken im 15. Jh.

Der Tausch von Brot und Wein (1420)

Ein besonderes Ereignis geschah im Jahr **1420**! Der Propst des Klosters, **Johann Kannenstein**, gab dem Heilig-Geist-Hospital, einer Art Krankenhaus, das Recht, für ihre Messen Brot und Wein zu bekommen. Im Tausch dafür gab das Krankenhaus 10 Hufen Land auf. Für ein Fass Wein und einige Scheffel Weizen konnten nun viele Kirchen in der Umgebung, einschließlich unserer Dorfkirche in Staaken, beliefert werden. Dies zeigt, wie wichtig Gemeinschaft und Hilfe in der Vergangenheit waren. Brot wuchs als Hafer, Weizen, Roggen oder Gerste auf unseren Feldern und Wein auf den Weinbergen Richtung Pichelsdorf.

Schließlich gibt es noch eine besondere Geschichte. Im Jahr **1430** erhielten die Bauern aus Staaken eine Tonne Bier als Belohnung für die Arbeit, die sie beim Mähen der Wiesen in Spandow geleistet hatten. Nur in der Saat- und Erntezeit haben alle Menschen in Staaken viel Arbeit. Aber da  man den Rest des Jahres auch Essen und Geld braucht, gingen viele Männer nach Spandow und machten dort schwere Arbeit. Die meisten wurden jeden Tag ausgezahlt, darum hießen sie dort Tagelöhner.

Bier ist ein sehr wichtiges Getränk für die Menschen, denn durch den Alkohol kann es zwar betrunken machen, wenn man viel davon trinkt, aber es ist gesünder als das Wasser aus dem Bullengraben, denn in den machten Menschen hinein, man wusch die Tiere darin, die dann auch hineinmachen. Das ist eklig und macht krank.

Prediger Wendt nahm seinen Platz in der Kirche von Staaken ein und blickte über die Versammelten. Er wusste, dass die Geschichte ihres Dorfes nicht nur aus alten Ereignissen bestand, sondern auch aus den Menschen, die dort lebten und arbeiteten. Mit fester Stimme begann er, den Zuhörern die Geschichte Staakens zu erzählen.

„Lasst uns ein wenig zurückblicken, meine lieben Brüder und Schwestern. Im Jahr **1433** erlebte unser Dorf einen verheerenden **Brand**. Das Feuer fraß alles auf, selbst die alte Dorfkirche wurde nicht verschont. Doch aus der Asche konnte Neues entstehen.

Brennende Kirche

Nur drei Jahre nach diesem Unglück, im Jahr **1436**, begannen die Dorfbewohner den Wiederaufbau. Sie verwendeten die Feldsteine der alten Kirche, und bald erblühte der Bau der neuen Kirche, die **1438** vollendet wurde. Aber dieser Neubeginn hatte seinen Preis. Die Staakener verschuldeten sich beim Rat von Spandow, um ihr Dorf wiederaufzubauen.“

Er hielt inne und sah sich um. Einige Gesichter waren nachdenklich, denn alle wussten, was Schulden bedeuteten; andere zeigten Interesse an den Geschichten, die er erzählen würde.

„Im Jahre **1437** half das Kloster uns mit Materialien, damit wir unser Dorf und unsere Kirche wiederaufbauen konnten. Und auch unsere **Schule**, die im Jahr **1439** errichtet wurde, bot unseren Kindern die Möglichkeit zu lernen und in Glauben und Wissen zu wachsen."

„Doch vergessen wir nicht die regierenden Herrscher unserer Zeit! Der Hohenzollern Kurfürst Friedrich II., auch der Eiserne genannt, regierte von 1440 bis 1471. Er sorgte dafür, dass das Land stabil blieb, während unser Kirchbau **1440** noch im Gange war und das Dorf wieder aufblühte."

Wendt machte eine kleine Pause, um den wichtigen Moment zu betonen. „Die Dorfbewohner und vor allem ihr Schulze mussten hart arbeiten, denn im Jahr **1497** zahlte der Schulze 18 Groschen für sein Lehnspferd, für das er sicherlich viele Mühen und Arbeiten auf sich genommen hatte."

Er fuhr fort: „Fast sieben Jahrzehnte später, im Jahr **1499**, regierte Kurfürst Joachim I. von Brandenburg. Die Kämmerei-Rechnung vermerkte sogar Ausgaben für ein jüdisches Begräbnis, was uns zeigt, dass unser Dorf ein Ort der Vielfalt war und ist."

Wir haben 1499 auch eine Liste aller Dörfer, die Getreide-Pächte zu zahlen hatten: Dyrotz, Schönow, Wustermark, Fahrland, Staaken, Buchow, Carpzow.

Prediger Wendt bemerkte, dass die Zuhörer gebannt den Geschichten lauschten und sie erfuhren von ihrem eigenen Erbe und ihren Vorfahren. „Ich möchte, dass ihr, meine lieben Hörenden, nie vergesst, woher ihr kommt, die Prüfungen und Triumphe eurer Vorfahren, und die tiefe Verbundenheit, die wir alle zu diesem Ort empfinden, dem Dorf Staaken."

Mit diesen Worten schloss er seine Erzählung und die Versammlung war in eine nachdenkliche Stille gehüllt, während die Geschichte des Dorfes und seiner Kirche in ihren Herzen weiterlebte.

Kap. 5 - Staaken im 16. Jahrhundert

Prediger Wendt stellte sich vor die versammelten Gemeindemitglieder im katechetischen Unterricht. Mit einem freundlichen Lächeln begann er seine Erzählung, um den Menschen die Geschichte ihres Dorfes Staaken näherzubringen.

„Liebe Brüder und Schwestern, heute möchte ich euch erzählen, was unser Dorf Staaken in den vergangenen Jahren geprägt hat. Lassen wir den

Blick zurück in das Jahr **1500** schweifen. Damals waren es acht tapfere Bauern, die jeweils vier Hufen Land besaßen und ihr Bestes gaben, um für ihre Familien zu sorgen. Diese Männer hatten enormen Einfluss in unserer Gemeinschaft, und sie waren die Säulen unseres Dorfes. Doch nicht nur sie, sondern auch sieben weitere Bauern, die drei Hufen besaßen – inklusive dem Krüger, der für das Bier in unserem Dorf verantwortlich war.
Zusätzlich gab es drei Bauern, die zwei Hufen Land hatten, und vier weitere, die eine Hufe besaßen. Und als ob das nicht genug wäre, kamen dann auch noch fünf Kossäten hinzu – fleißige Arbeiter, die sich um die täglichen Bedürfnisse unserer Gemeinschaft kümmerten. Stellt euch vor, wie diese Männer und ihre Familien zusammenarbeiteten, um Staaken zu einem blühenden Ort zu machen!

Nun, im Jahr **1518**, wissen wir, dass der Rat von Spandow für Dyrotz und auch für unsere Dörfer die Getreidepächte festlegte, auch für Staaken. Das bedeutete, dass die Bauern und Arbeiter sich nicht nur um das eigene Land kümmern mussten, sondern auch Verpflichtungen gegenüber dem Rat hatten – eine Herausforderung, die sie mit viel Hingabe meisterten.

Zwei Jahre später, **1520**, erhielten die Staakener sogar Lohn für ihre Arbeit im Brandwerder. Das ist wichtig, denn durch solche Aufträge konnten wir die nötigen Mittel für unsere Familien sichern. Und in 1526 stiegen die Pachten für Dyrotz, Senzke, Paretz, Priort, Fahrland, Wustermark, und auch unsere Heimat Staaken, was uns vor große Herausforderungen stellte.

Seht, im Jahr **1528** war es der ehrwürdige **Jacob Hanicke**, unser Pfarrer hier in Staaken, der 55 Gulden vom Rat erhielt. Diese Summe war für Roggen, den er empfangen sollte – ein Zeichen der Unterstützung für die Kirche und den Glauben unserer Gemeinschaft.

Im Jahr **1537** gab es schließlich einen bedeutenden Moment für unsere Kirche: Der Rat zahlte Meister Veithen 3 Schock und 2 Gulden für den **Bau der Kirche**. Und ich möchte betonen, dass die Staakener auch ihren Teil dazu beitrugen – sie erhielten sogar 3 Tonnen Bier für den Holztransport zur Kirche! Dies zeigt, wie sehr unsere Gemeinschaft zusammenarbeitet und sich gegenseitig unterstützt.

Das, meine lieben Brüder und Schwestern, ist ein kurzer Überblick über unsere Geschichte. In jedem dieser Ereignisse spiegelt sich unser Glaube, unsere Hingabe und die wichtige Rolle, die jeder von euch spielt. Möge das Wissen um unsere Herkunft uns inspirieren, als Gemeinschaft noch enger zusammenzuwachsen. Amen."

Nun will ich euch meine eigene Geschichte erzählen:

„Das wurde den Herren vom Rat nun doch zu viel, so trug man mir zu, denn es hieß weiter: Der für Staaken und Seeburg zuständige Spandauer Pfarrer hielt *Schmähreden* gegen die alte Kirche, fast wie der Dr. Luther zu Wittenberg! Ungebührliches Gemurmel und empörte Rufe gab es unter den Kossäten (Bauern mit Pachtland) und den armen Leuten in der Kirche, wenn der Wendt predigte – das geschah hier nicht, aber die Ratsherren in Spandow dachten dies.

Sorgenvoll thronten also die Ratsherren in ihrem Kirchengestühl – nie besuchten sie die Gottesdienste der kleinen Dorfkirche zu Staaken mehr, als zu jener Zeit. – „Wo war die demütige Rede von einst geblieben? Jetzt wollten schon die Prediger darüber befinden, was Recht und Unrecht sei in der Stadt. Dem gemeinen Mann sollte es zustehen, alle Ämter zu besetzen: Pfarrer, Bürgermeister und Ratsleute zu berufen, - so hieß es da - und das Evangelium sollte in Deutsch gepredigt werden ohne Behinderung." Das war den Bauern, Feldarbeitern und Handwerkern aus dem Herzen gesprochen.

Ich wohnte zwar in nobler Gegend hinter der Nikolaikirche, aber ich hatte nicht vergessen, dass ich ein Staakener Handwerkersohn war. Ich sagte das, was sie alle seit langem dachten.

Argwöhnisch und zornig blickten die prächtig ge-kleideten Herren im Ratsgestühl auf die unruhige Menge. Beim Wendt in der Kirche, so fanden sie, ging es jetzt, im Jahre des Herrn **1523**, toll und lästerlich zu wie in einem Bierhaus. Dabei dienten die Staakener dem Heiligen Vater zu Rom genau 250 Jahre treu und gehorsam. **1440** war die Dorf-kirche neu errichtet worden. Die alten Feldsteine der zuvor abgebrannten Kirche waren wieder-verwendet worden. Großzügig hatte der Rat das Dorf mit einer immensen Anleihe unterstützt – ein reicher Kaufmann stiftete zur Zeit des Predigers sogar einen **Schnitzaltar**. Die Gläubigen versuch-ten mit mancherlei Stiftungen etwas für ihr Seelen-heil zu tun.

Ich musste in einem Jahr **1500** Seelenmessen lesen. Aber die Prediger und Kapläne, die Mess-priester und Mönche der Umgebung sorgten im-mer wieder für Skandale – manche Kirchen, be-sonders die auf dem Land, wurden zum öffent-lichen Bierausschank, die Stadtknechte ent-deckten bei einer Kontrolle sogar Frauen und Mädchen dort. **1508** soll sogar der Ablassprediger Tetzel in Staaken erschienen sein. Seine markt-schreierischen Auftritte brachten die Dorfkirche ein weiteres Mal in Verruf. Für reichliches Geld sollte man seine Sünden vergeben bekommen. Sobald das Spendengeld im Kasten kleingelt, fährt die Seele, für die man geopfert hat, in den Himmel, versprach er. Seinen Gegnern wollte er die Köpfe abreißen und sie in die Hölle befördern.

Bis **1510** flossen Unsummen in Tetzels Ablass- kasten (für den Petersdom im Vatikan und den Kölner Erzbi- schof), aber viele zweifelten, ob so ein böses Spiel mit dem Aberglau- ben gottgefällig sei.

Das Maß war voll. Aus Leipzig und aus Erfurt brachten vorüberziehende Kaufleute und aus Wittenberg kommende Studenten so manche kleine Druckschrift mit. Ich las meiner Gemeinde mit Vergnügen vor, wie der Dr. Luther mit den Missbräuchen der Papstkirche derb und wohlbegründet zu Gericht ging. Als dann der Hofastrologe Johann Carion für den 25.7.**1525** prophezeite, dass Berlin und damit auch Spandow und Staaken durch ein Unwetter zerstört werden würden, verließen der kurfürstliche Hof und die Spandauer Ratsherren die Stadt.

Ich rief an diesem Tag meine Gemeinden Staaken und Seeburg in die Staakener Dorfkirche zusammen und hielt bei den Verängstigten und Bedrohten aus. Da merkte ich hautnah, wie viele unzufrieden waren mit der harten und eigennützigen Ratsherrschaft und mit den Übeln der Kirche – schon lange lockten die kurfürstlich verordneten

Fronleichnamsprozessionen keine Staakener (und nur noch wenige Berliner) auf den Kirchplatz.

Im Gottesdienst sprach ich aus, wie den Menschen ums Herz war. Als die Ratsleute von ihren Sommersitzen zurückkamen, mahnten sie mich zur Mäßigung. Ich sollte das gemeine Volk nicht zu Ungehorsam und Aufruhr ermuntern. Unterdessen hatte ich aber manche Schrift von Luther gelesen und für gut befunden.

Da gab es für mich kein Einlenken, mochten auch die Handwerker und Bauern zuweilen mehr aus meinen Worten hören, als er meinte. Ich hatte doch all die Ungerechtigkeiten im Dorf nicht verschuldet. Der Bürgermeister von Spandow und der Stadtschreiber hielten mich am 1. Advent **1525** in scharfen Worten vor, ich habe nicht das Evangelium studiert, sondern etliche Schwarten, und das hätte ich unverdaut und dumm unters Volk gebracht. Sie rieten mir gar, mich davonzumachen. Für zwei Jahre wurde ich nach Hakenfelde versetzt, aber mein Nachfolger Nikolaus Schulz predigte bald auch im Sinne Luthers und hielt die Erinnerung an seinen mutigen Vorgänger wach.

1528 kamen die Bauern in Bewegung, und die Handwerker waren drauf und dran, dem Magistrat Zugeständnisse abzuzwingen. In der Hoffnung, die erregten Gemüter etwas zu besänftigen, ließen die

Ratsherren mich schweren Herzens zurückkommen. **1530** hielt ich – so sagt man – in der alten Dorfkirche eine ‚evangelische‘ Predigt. Es folgten Abendmahl, Beichte und Taufe nach evangelischem Brauch. Die Handwerker und einer aus ihren Reihen, sie meinten mich damit, hätten damit in Staaken und darüber hinaus in Spandau und Berlin der Reformation die Tore geöffnet. Nicht nur mit der Macht der Worte. Als dann, lange danach, am 1.11.1539, Kurfürst Joachim II., Hektor von Brandenburg mit dem Adel des Teltows, Barnims und Havellands in der Spandauer Nikolaikirche das Abendmahl in beiderlei Gestalt einnahmen und als erstes öffentliches Abendmahl in beiderlei Gestalt deklarierte, lachte man in Staaken, ließ den Spandauern aber achselzuckend diesen Ruhm und feierte in Staaken einen entsprechenden Gottesdienst mit den Ärmsten der Gemeinde.

Die Ratsherren konnten dies freilich nicht verwinden und ließen mich **1540** ablösen. Pfarrer **Johann Crüger** wurde gesandt, der sich in die Dorfgemeinden Staaken und Seeburg gut einführte… zu gut offenbar. Die Ratsherren verweigerten dem Pfarrer die ihm zustehenden Gehaltszahlungen, bis dieser 1541 kündigte – ein kurfürstliches Gericht gab ihm später Recht und er bekam das ausstehende Geld.

Mit diesen Worten schloss Prediger Wendt seine Erzählung und sah, wie die spürbare Verbundenheit in der Gemeinschaft durch die Geschichten ihrer Vorfahren gestärkt wurde.

Den Staakenern wurde nun eine Kirchen- und Schulvisitation verordnet, die zur Folge hatte, dass man den Nachfolger, Kaplan **Andreas Ebel**, zweiter Pfarrer in Spandau, aus den Einkünften der Pfarrer in Staaken und Seeburg besoldete.

Der Vf: Diese Geschichte habe ich vor fast 40 als junger Pastor gehört und aufgeschrieben. Nun ist sie mir wiederbegegnet und ich wollte wenigstens recherchieren, wie es dem Prediger Wendt, Nikolaus Schulz und Johann Crüger weiter erging. Der einzige, der in Frage kommt, wäre **Andreas Wendt**, der als Prediger dann in **Kuhsdorf** im Kreis Pritzwalk Dienst tat, 1572 emeritiert wurde und 1581 starb.

Von **Nikolaus Schulz** erfährt man, dass er 1566-1574 in Luckenwalde als Diakon tätig war. Mehr ist auch von ihm nicht zu erfahren. **Johann Crüger** findet sich um 1550 als Prediger in **Seefeld**, Kreis Bernau. Der Name kommt allerdings häufiger vor, so gab es auch einen Johann C(K)rüger, der erst Schulmeister in Coswig war und 1544-48 auch Diakon in Golzen, Kreis Luckau. Da die ‚Schulgesellen' alle ehem. Theologiestudenten waren, wurden sie auch schon vor der Ordination als Prediger auf Dörfern eingesetzt, was sie auch gern wahrnahmen, denn Prediger wurden besser bezahlt als Lehrer – die Geschichte der Stadt Spandow ist ja auch durchzogen von ungehörten Klagen der zu schlecht bezahlten ‚Schulkollegen‘.

Teil II

Andreas Brunsicke erzählt die Geschichte Staakens

Andreas Brunsicke kam als Student nach Staaken. Wegen des Dreißigjährigen Krieges konnte er nicht weiterstudieren, es gab aber auch keine Anstellung als Lehrer, die bezahlt wurde. Der Krieg fraß Geld und Leben. Als er in Staaken ankam und wahrnahm, dass die Diakone und Bürger, von ihren eigenen Sorgen bedrückt, gar nicht mehr nach Staaken kamen, verdingte er sich als Schweinehirt und lehrte die Kinder im Dorf Staaken. Lange Zeit fühlte er auch für den katechetischen Unterricht der Erwachsenen im Dorf zuständig. Bis zu seinem Tod 1563 soll er durch 20 Kriegs- und Nachkriegsjahre hindurch seinen Bildungsdienst treu ausgeübt haben, wie der Inspektor Schulz über 100 Jahre später vermerkte, als er seine Chronik von Spandow begann.

Spanndienste, die Staakener oft für Spandow machten

Kap. 6 - Staaken nach der Reformation
Die Glocken von Staaken

In dem kleinen, stillen Dorf am Rande des Egelpfuhl, wo das saftige Grün der Wiesen in das Moor überging, lebte einst ein Schweinhirt und Lehrer namens Andreas Brunsicke. Die Jahre hatten ihm Weisheit und das Bild eines freundlichen alten Mannes gegeben, doch sein Haupt war von den Sorgen des Lebens gekrümmt. In den schattigen Auen, unter den Bäumen, die zeugen von jahrhundertealten Geschichten, versammelten sich die neugierigen Dorfbewohner, Kinder und Erwachsene, um ihren Lehrer zu hören. Es war eine Zeit des Wandels, eine Zeit, in der die Menschen von der Reformation beherrscht wurden, und die Geschichten von Glauben und Aufbruch in Staaken lebendig wurden. Davon erzählte der kluge Mann: „Es war das Jahr 1540, als die erste Nachricht die Gemüter der Dorfbewohner erreichte: Der Pfarrer **Johann Krüger** würde das Dorf verlassen, da ihm die Spandower das Gehalt gestrichen hatten. Der neue Pfarrer, Andreas Ebel, ein Mann aus Sachsen, sollte die Verantwortung übernehmen. Doch in seiner ersten Zeit in Staaken erlebte er, wie gebrochenes Vertrauen und Mangel an Wegen die Herzen bedrückten. Bis zum Sonntag Laurenti, den 20. August, musste er auf sein Gehalt warten. Diese Ungerechtigkeit machte sogar die Zeit der

Gottesdienste lang und beschwerlich, und so sah sich Ebel gezwungen, beim Kurfürsten um Rückversetzung zu bitten."

„Wie oft hast du deinen Glauben bewiesen, Andreas?", murmelte der alte Brunsicke, während er das Holz seines Schweinestalls inspizierte. „Wenn nur das Herz der Menschen reiner wäre." Er erinnerte sich an die **Visitation**, in der die Pfarrbesetzung endgültig geregelt wurde. Das Gremium um Kanzler Johann Weinleben, das die Kirche neu beleben wollte, hatte klare Worte und Forderungen aufgestellt. Ein festes Gehalt; die Lebensbedingungen sollten dem Pfarrer als Lehrer und Geistlichen würdig sein.

Doch der Schweinhirt wusste, dass nicht allein das Geld das Dorf zusammenhielt. Es waren die Geschichten, die Wanderungen der Seelen durch die Wirren des Lebens. „Seht!", rief er einmal den Menschen zu, als die ersten Kraniche über Staaken zogen, „was über uns schwebt, sind vielmehr die Träume, die Stimmen aus der Vergangenheit. Sie tragen uns, wie die Tiere zu Feldern und Wälder."

„Die Jahre vergingen, und als **1543** ein neues Pfarrhaus erbaut wurde und die Kirche ein neues Dach erhielt, blühte Staaken auf. Ein Zaun, **1545** aus Reisig errichtet, umschloss das Pfarrgrundstück und gab der Gemeinschaft ein Gefühl von Zusammenhalt." Doch wie es in jedem Dorf war,

32

trugen die Schatten der Menschheit auch hier ihren Teil. In den alten Aufzeichnungen, die Andreas durchforstete, fand er die Namen derer, die in seelischen Stürmen gefangen waren: Peter Tiedike, Tewes Deus und Simon Waehse, deren Sünden schwere Lasten in die Gemeinde brachten.

„Die Menschen sind wie die Feldfrüchte", pflegte der alte Brunsicke zu sagen. „Wachsen sie unter der Sonne der Vergebung und des Glaubens, erblühen sie. Doch der Schatten des Zweifels kann die Ernte vergiften."

Und erzählte nach seinem gedanklichen Ausflug weiter: „Und so, im Jahr **1558**, als der Glockenturm der Dorfkirche errichtet wurde, war es auch die Zeit, in der die Geschichten sich zu einem neuen Klang vereinten. Die Kirchenvorsteher hatten mit Stolz die Initiative ergriffen, und eine der beiden großen Glocken war ein Geschenk des Bürgermeisters von Brandenburg. Wenn sie läutete, hallten die Töne durch die Auen, durch die Wiesen und über den Bullengraben. Es war ein Ruf, ein Satz für die Seelen der Menschen."

In Brunsickes Herzen war dies der Klang des Glaubens, der Zusammengehörigkeit.

An den langen Abenden, wenn die letzten Sonnenstrahlen die Hügel küssten und die Frauen beim Weben und die Männer beim Reparieren der

Netze oder von der Feldarbeit müde waren, versammelte sich das Dorf. Andreas Brunsicke erzählte die Geschichte Staakens, die von der Reformation und vom Glauben handelte, der nicht nur in der Kirche, sondern in jedem Herzen lebte.

„So wuchs die Vergangenheit des Dorfes, und die Glocken, die von den Höhen des Turmes läuteten, schrieben die Geschichten auf die Windbrisen, die über die Wiesen zogen. Und während sie in der Dämmerung verstummten, blieb die Hoffnung für immer lebendig, dass Staaken, geleitet von den alten Geschichten und dem lebendigen Glauben, eine Zukunft vor sich hatte, die dem Licht eines neuen Tages glich."

Die Geschichte von Staaken: Der Knüppelkrieg

Am nächsten Abend erzählte der Schweinehirt Brunsicke weiter: „Es war im Jahr **1560**, als die Pfarre Staaken in die Stadtkirche zu Spandow eingliedert wurde, nachdem die Bedürfnisse der Ortschaften Seeburg und Staaken in den Händen des alten Predigers Andreas Ebel lagen. Lang hatte er sein Amt mit Hingabe und Weisheit ausgeführt, doch als das Alter ihn niederdrückte, wandte er sich an **Peter Reinicke**, den Prediger aus Dallgow, um die geistliche Versorgung von Seeburg zu übernehmen. So geschah es, dass der Hauptmann Georg Flanß Seeburg von Staaken separierte und der Gemeinde Dallgow zuordnete.

Die Nachrichten von diesen Veränderungen erregten die Gemüter in Staaken. Die Dorfbewohner spürten, dass etwas Bedeutendes im Gange war.

Und so geschah es: Das friedliche Leben wurde bald von dunklen Wolken überschattet, als das Gerücht eines bevorstehenden „Gefechts" die Runde machte.

Es war das Jahr **1567**. Der Kurfürst Joachim II. hatte die Idee entwickelt, ein Gefecht zwischen den Bürgern Spandaus und Berlins auszurufen. Hoch oben auf der Festung befahl er, den regierenden Bürgermeister von Spandow, Bartholomäus Bier, aus dem Schlaf zu zerren und in die Pläne für den bevorstehenden Kampf einzuweihen. Der Kurfürst brauchte den Kampf, um seine Macht zu demonstrieren. Das gespaltene Volk, das unter Schulden und Misstrauen litt, war plötzlich verbunden durch eine gemeinsame Furcht und diesen unerwarteten Wunsch nach Anerkennung."

Andreas Brunsicke, der alles beobachtete und die Gedanken seiner Zeitgenossen kannte, versammelte die Dorfbewohner um sich. „Hört zu!", rief er, „die Zeit des Wankens ist vorbei, und die Geschichte verlangt nach einem neuen Kapitel. Lasst uns zurückdenken an die Worte unserer Vorfahren und den Mut, den sie uns hinterließen!"

Als die ersten Krieger, Spandower und Berliner, mit ihren Knüppeln und Heugabeln in der Havel aufeinandertrafen, kämpften sie nicht nur für ihre Stadt, sondern auch für die Ehre ihrer Namen. Die Staakener, die mit dem Versprechen auf Schuldenfreiheit nachträglich in die Schlacht gezogen waren, kämpften auf Seiten der Spandower. Doch was war das für ein Kampf, der von Verzweiflung und trotziger Hoffnung getrieben wurde? Andreas Brunsicke sah den Stolz in den Augen seiner Dorfbewohner, aber auch die Angst, die von der ungewissen Zukunft sprach.

Die Spandower, nun stärker im Rückhalt, schlossen sich zusammen: „Lasst uns diesen Kampf beenden!" Doch der Kurfürst, der in seiner festlichen Rüstung kämpfte, wollte nicht. Erst als er ein Missgeschick erlitt, als ein Spieß sein Pferd traf. In diesem entscheidenden Moment zog sich auch er zurück, und die unordentlichen Reihen der Berliner zerfielen.

Die Kämpfer hörten auf – das Getöse des Gefechts verstummte, als die Stimmen der Vernunft erklangen. Die Staakener waren mehr als nur Figuren in einem Spiel, sie waren Zeugen ihrer eigenen Geschichte geworden, die von den Gräben des Zweifels und dem Mut, für das Gute einzustehen, geprägt war. Sie hatten die Schlacht entschieden … mit Heugabeln, selbstgemachten Speeren und Knüppeln.

Der Ausgang des Kampfes änderte das Gesicht Spandows für immer. Elf Tage lang musste die Nikolaikirche repariert werden, weil der wahnwitzige Kurfürst sie von der Festung aus hatte beschießen lassen. Sie erstrahlte aber bald wieder als Herz der Gemeinde, das trotz aller Aggressionen in den Wirren des Lebens weiter schlug. Die Scharmützel des Kurfürsten und des Volkes wurden als der „Knüppelkrieg" bekannt, dank des Staakener beherzten Eingreifens mit Knüppeln und Heugabeln. Ein Lehrstück für die Ewigkeit über die Fragilität des Friedens."

Andreas Brunsicke sah, wie die Glocken der Kirche läuteten, als Zeichen der Einheit und Hoffnung. Unter dem klaren Nachthimmel versammelten sich die Dorfbewohner, und er erzählte erneut die Geschichte von Staaken, von Kämpfen und Verhandlungen, von Glauben und Vertrauen. „Die Menschen brauchen Gemeinschaft", murmelte er, während die Stimmen im Dunkeln widerhallten. „Und so lange wir uns an unsere Geschichten erinnern, werden wir nie verloren gehen."

Der Schweinhirt wusste, dass die Zukunft des Dorfes in den Händen seiner Bewohner lag – eine Zukunft, die, gleich den alten Erzählungen, von Mut, Glauben und der nicht brechbaren Verbindung zueinander geprägt sein würde. Und während die Nacht hereinbrach und die Sterne am Himmel funkelten, fiel der Frieden über die sanften Hügel von Staaken, … und die Geschichten lebten weiter.

Die Chronik von Staaken: Der Rest des 16. Jh.

Es war die Zeit, während die ersten Schneeglöckchen zaghaft ihre Köpfe durch die frische Erde streckten, bereitete sich das Dorf auf einen neuen Frühling vor. Doch der Winter hatte seine eisige Hand auch über die Geschicke der Menschen gelegt und so hingen Sorgen in der Luft, die wie graue Wolken über dem Ackerland schwebten.

An einem kühlen Morgen, als der Nebel noch die Felder umhüllte, versammelten sich die Dorfbewohner in der kleinen Kirche des Dorfes, deren Wände Geschichten aus vergangenen Tagen flüsterten. Der Schweinhirt und Lehrer, Andreas Brunsicke, trat mit einem kleinen Atemzug nach vorne. Seine grauen Haare waren von der besten Zeit geprägt, und seine Augen strahlten wie die Sterne in klaren Nächten. „Lasst uns zusammenkommen und die Gewohnheiten unserer Ahnen erwecken", rief er, „dass wir uns unserer Wurzeln und der Herausforderungen erinnern, die wir überstanden haben!"

Die Versammlung kam zusammen, als sich die Sonne sanft über den Horizont schob. Der Glanz der kleinen Ortstafel funkelte, während die Menschen in der Kirche Platz nahmen, um den Worten des alten Lehrers zu lauschen.

„Vor vielen Jahren, im Jahr **1580**, erhielten wir Nachricht von den Prokurationsgeldern, die Pfr. Colerus für die unsere Seelsorge in Staaken zustand, wie jedem Oberpfarrer, den man in Staaken kaum sah. Sechs Groschen warf die Gemeinde in einen großen Topf mit Hoffnungen und Träumen, die wir heute noch in unseren Herzen tragen. "

Die Herzen der Zuhörer nickten zustimmend, als Andreas weitersprach. „Vor langer Zeit, **1584**, erlebten wir einen tiefen Riss in unserem Dorf. Ein Streit entbrannte zwischen uns und Joachim von Bredow um unsere vormaligen Freiheiten. Er verurteilte die Bewohner zu einer Strafe von 50 Talern, aber in unserer Verzweiflung half der Kurfürst und riet uns, dem Rat so lange nicht zu dienen, bis wir unser Recht zurückerlangt hatten. Manchmal muss man kämpfen, um die Gerechtigkeit der eigenen Geschichten zu wahren!"

Die Ausmalung der Konflikte und der Stärke der Gemeinschaft weckte Erinnerungen in den Köpfen der Dorfbewohner. Man spürte die Anspannung und teils auch Stolz, als die Geschichten von den Mühsalen des Lebens lebendig wurden.

„Und dann kam das Jahr **1587**," fuhr Andreas fort und hob die Augen zum Himmel, als wollte er die Segnungen der Ernte heraufbeschwören. „Wir ernteten Roggen und Getreide - über dreitausend Scheffel aus all den Dörfern um Spandow – von den Feldern, die uns ernähren, und von den Meiern, die unseren Träumen und Hoffnungen folgten. Es war eine Arbeit der Gemeinschaft!"

Die Menschen hörten gebannt, während der alte Mann die Momente beschrieb, die Pflichtgefühle und Entschlossenheit hervorriefen. „Im Jahr **1589** erlebten wir eine Wiedergeburt unserer Kirche - ein **Schnitzaltar** entstand, der die Schönheit unserer Taten und Gebete symbolisierte. Er trägt noch heute die Geschichten unserer Vorfahren, die uns lehrten, an unser gemeinsames Glauben festzuhalten."

Es war die Zeit des Petersfestes, als schließlich die Rufe nach einer **Glocke** laut wurden. „Am Tag der Heiligen Peter und Paul, am 29. Juli **1591**, haben wir sie gekauft, unsere Glocke, aus Brandenburg-Neustadt! Sie kostete 98 Taler und läutet nun über Staaken und erinnert uns an die Einheit und das Licht, das in uns brennt."

Die Augen der Versammelten leuchteten ergriffen. Die Geschichten, die einem mehr als nur Fakten vorlegten, wurden lebendig.

Andreas Brunsicke sprach im Fluss der Erinnerungen weiter: „Doch unsere Geschichte ist nicht immer klar und ruhig. Im wahrsten Sinne des Wortes standen wir vor Herausforderungen, die von außen kamen, von den Spandowern und von den Anforderungen, die unser

Tagwerk oft erschwerten. Wir mussten uns nicht nur unseren eigenen Kämpfen stellen, sondern auch den Anschuldigungen und Strafen der Gerichte, die sie über uns verhängten. Aber wir ließen uns nie unterkriegen, auch damals nicht, als der Krüger **1598** zum Kämmerei 2 Taler 3 Groschen an Wiesen-Zins zahlen musste."

Die Gesichter der Menschen zeigten die Kraft des gesammelten Wissens der Vergangenheit, das sie mobilisierte. „Wir haben das Licht des Glaubens und des Verstehens", fuhr der alte Brunsicke fort. „Wir haben die Kirche renoviert, das Altarwerk errichtet und das Taufbecken beschafft. In einer Welt, die oft kalt und feindlich wirkt, bietet unsere Gemeinschaft das Feuer der Hoffnung."

Er hob seine Stimme noch einmal. „Das Segel unserer Aufzeichnungen wird nicht stillstehen. Lässt uns, inspiriert von den Erinnerungen der Vergangenheit, in die Zukunft schauen, wo die Sterne uns den Weg leuchten!"

Und so endete die Versammlung, gefüllt mit dem Wissen, dass sie im Herzen den Gesang ihres historischen Erbes verstanden hatten. Die Glocke läutete in das Wolkenmeer der Dämmerung, und die Worte des Schweinehirts hallten noch lange nach. Die Geschichten von Staaken waren nicht nur die Erlebnisse aus alten Zeiten – sie lebten in jedem einzelnen der versammelten Bewohner und schrieben bereitwillig die neuen Kapitel in dem mutigen Buch ihres Lebens weiter.

Kap. 7 - Staaken im 17. Jahrhundert
Staaken in den Kriegsjahren

Es war ein Nachmittag im Jahr 1629, an den der Schweinehirt und Lehrer Andreas Brunsicke sich erinnerte. Die Sonne senkte sich hinter den Wäldern, und eine goldene Lichtstimmung legte sich über die verwüsteten Felder, die einmal fruchtbar gewesen waren. Staaken war von den Wirren des Dreißigjährigen Krieges stark getroffen worden, die Felder zertreten, das Dorf verwüstet und verbrannt und die Herzen der Menschen schwer.

Andreas, damals ein Mann in der Blüte seiner Jahre, saß auf einem alten Holzschemel unter dem großen Kastanienbaum im Dorfzentrum. Um ihn herum versammelten sich Kinder, alte Männer und Frauen, die trotz der widrigen Zeiten ihrer Heimat verbunden geblieben waren. Ihr Interesse schien geweckt, als er begonnen hatte, von der Geschichte seines Dorfes zu erzählen.

Nun, nach so viel Jahren, erzählte er wieder davon: „Lasst mich euch erzählen, wie Staaken einst war, bevor die Schatten des Krieges über unser Land fielen. Die Dorfkirche, die unser Dorf ziert, war ein Ort des Friedens und der Hoffnung. Konfirmationen und Feste, sie wurden hier gefeiert. Die Pfarrer, die hier wirkten, trugen die Seele dieses Ortes in ihren Worten."

Die Menschen hörten gebannt zu, während sie sich in die Vorstellung eines blühenden Dorfes hineinversetzten. Einige von ihnen träumten von den Wiesen, die einst mit bunten Blumen gesäumt waren, von den fröhlichen Festen und dem gedeckten Tisch am Erntedankfest.

„Doch dann kam der Krieg", setzte Andreas fort, und die Dunkelheit lag plötzlich schwer in der Luft. „Die Soldaten marschierten durch die Straßen, und unser Dorf wurde zum Ziel von raubenden Banden. Die Felder wurden zertreten, die Vorräte geplündert. Der Rat der Stadt in Spandow kämpfte verzweifelt, um uns zu helfen, doch die Umstände waren erbarmungslos."

Die Erwachsenen nickten ehrfürchtig und schüttelten traurig den Kopf. Sie hatten die Kämpfe miterlebt, wie der Rat besonders für Staaken um Entlastung und Wohltaten bat. „Es ist nicht nur unser Hab und Gut, das verloren geht, sondern auch unsere Würde", flüsterte eine alte Frau, als Andreas sich erinnerte, wie die Gemeinde zusammenkam, um sich gegenseitig zu unterstützen.

„Einmal haben wir beschlossen, einen Altar für die Dorfkirche zu schaffen", fuhr er fort. „Die Tischler arbeiteten Tag und Nacht für den vollständigen

Glanz. Der Maler, von dessen Talent ich sogar träume, stellte sich mit seinen Farben vor, um uns eines der teuersten Geschenke an den Herrn zu schaffen. Und wisst ihr, für welche Summe sie alle arbeiteten?" Er machte eine Pause für dramatische Wirkung. „Insgesamt kostete der Altar über 100 Taler – 30 für den Tischler, 1 Taler 18 Gr für den Drechsler und 85 Taler für den Maler - ein Vermögen in diesen schweren Zeiten."

Die Kinder sahen sich an, als ihnen die Weitsicht der Dorfbewohner bewusstwurde. Sie begriffen, dass selbst in der Dunkelheit die Hoffnung immer noch blühte, dass sie das Licht des Glaubens nie ganz verloren hatten. „Aber selbst solche Mühen", seufzte Andreas, „konnte der Hunger und das Leid nicht besiegen. Der Rat verlangte im Namen des Lebens, dass Staaken von den Kornabgaben befreit werden solle, der Glien auch und das Löwenbergsche Land, und wir baten für den Frieden, um weiter leben zu können." Ein Jahr später, 1626, sprach der Kurfürst uns das auch zu. Und die Kirche zu Spandow finanzierte sogar den Wiederaufbau der Meierei, um den Staakenern zu helfen."

Dann erzählte er aber auch von Matthiess Bredikows unglücklichem Sohn, der sich **1625** der Unzucht schuldig gemacht hatte, ein nichtswürdiger Streich, der nur einem Jugendlichen in den Sinn kommen kann, und doch Strafen und Schande über die ganze Familie brachte. „Doch Strafen und Sühne sind nicht das, was uns zusammenschweißt", schloss Andreas. „Wir halten zusammen – in schweren Zeiten und in guten."

Die Dämmerung brach über Staaken herein, und die Gesichter der Menschen leuchteten im schwachen Licht der untergehenden Sonne. Mit jedem Wort gewahrte sein Herz ein Stück mehr von ihrer Freude an seinen Erzählungen, und als er aufstand, um sich zu verabschieden, spürte er den Glauben der Dorfbewohner an eine bessere Zukunft.

„Wir werden diese Zeit überstehen", rief er, sein Puls beschleunigte sich. „Wir werden Staaken wiederaufbauen! Gemeinsam werden wir die Wunden heilen, die Nächte durchstehen und die Menschen in unser Dorf zurückrufen. Und wenn das letzte Echo des Krieges verhallt, wird das Licht unserer Dorfkirche wieder hell strahlen!"

Ein herzlicher Applaus brach durch die Menge, und das Lächeln der Menschen leuchtete warm in der kühlen Abendluft. Staaken mochte Finsternis erleben, doch die Flamme des Lebens brannte in den Herzen der Menschen weiter – unvergessen, ungebrochen und unbesiegt.

Aus der Asche der Vergangenheit

Die Schatten des Krieges wurden länger, als Andreas Brunsicke, der Schweinehirt und Lehrer,

erneut auf dem alten Holzschemel unter dem großen Kastanienbaum Platz nahm. Die Dorfbewohner, jetzt etwas älter und weiser, versammelten sich um ihn und warteten auf die Fortsetzung
seiner Erzählungen über die Geschichte ihres
geliebten Staaken. Es war ein warmer Abend und
die Kühle der Dämmerung schien ihre Sinne zu
schärfen.

„Heute möchte ich von einer Zeit erzählen, in der
unser Dorf durch Prüfungen und Trübsal hin-
durchgehen musste", begann Andreas mit seiner
tiefen, einnehmenden Stimme. „Eine Zeit, in der
die Autorität des Kurfürsten über uns das Schicksal der Menschen hier, in Staaken, stark beein-
flusste. Es war der 3. August 1630, als die kurfürstliche Verordnung erging. Ihr wisst, was das
bedeutete – die Anforderungen an unseren Ort
waren drückend und lagen vielen von uns schwer
im Magen."

Die Zuhörer schauten sich an, die Erinnerungen an
die Not und das Leid, das sie gemeinsam erlitten
hatten, schimmerten in ihren Augen. „Die Spandower hatten angeordnet, dass wir Holz aus der
Heide beschaffen sollten, und täglich 60 Mann in
den Dienst stellen sollten. Unsere Männer, unsere
Brüder, mussten ihr eigenes Leben aufgeben, um
den Anforderungen zu genügen – und das für die
Veste!"

Die Gesichter der Dorfbewohner wurden nachdenklich. Andreas bemerkte ihre schweren Herzen und sprach weiter: „Doch das war erst der Anfang. Ab Michaelis 1633 – dem Erzengel gewidmet – begannen die Dinge, sich noch mehr zu verschlechtern. Die Stadtkasse war leer, und der Hunger der Menschen wuchs. Nirgends konnte man das nötige Getreide finden, und wir, die Landwirte von Staaken, wurden immer ärmer."

Als er bei der belastenden Erzählung einhielt, hörte er das Raunen in der Menge. „Der Pfarrer erhielt im Jahr 1635 immer noch 6 Groschen Prokurationsgeld, obwohl wir ihn nie sahen. Auch das Licht des Glaubens wurde durch das Dunkel des Krieges immer schwächer. Wie kann man beten, wenn der tägliche Kampf um das Überleben die Seele beschwert?"

Er wagte einen Blick in die Gesichter der Menschen, die aufmerksam lauschten und die Ernsthaftigkeit der Erzählung begriffen. „Im Jahr 1638 kam es zu einem Streit unter den Geistlichen, und durch das Missmanagement des Pfarrers Mauritz blieben wir oft monatelang ohne Predigt. Er musste nach unserer Beschwerde zu einem Verhör, wo er nicht einmal erschien, indem er Krankheiten vortäuschte, während unsere Seele hungerte. Die Diakone versuchten ihr Bestes, um uns zu stärken, aber auch sie hatten ihre Grenzen. Der Rat musste auf Druck mit diesen Angelegenheiten umgehen, und während sie versuchten, uns zu helfen, litten wir unter weiterer Not."

Das Flüstern in der Menge wurde leiser, während die Erinnerungen lebendig wurden. Andreas erklärte, wie sie im Jahr 1640 eine Scheune errichten mussten, um ihre Lebensgrundlagen zu sichern. „69 Taler und 12 Groschen mussten dafür aufgebracht werden. Woher sollten wir das Geld nehmen? Solche Ausgaben gab es immer wieder. Wir kennen das alle, sie kommen auch, wenn man kein Geld hat."

Die ältere Generation erinnerte sich lebhaft an die Reparaturen an der Kirchturmbedeckung im Jahr 1647 sowie an den Kanzelaltar, der im Jahr 1648 in unsere Dorfkirche kam. „Wir haben nicht nur versucht, das Materielle zu bewahren, sondern auch die Würde des Glaubens. Der Kanzelaltar, mit seinen beeindruckenden Evangelisten, erinnert uns daran, dass die Hoffnung immer versucht, das Licht zwischen den Schatten des Krieges zu finden."

Die Menschen sahen zu Andreas auf – er beeindruckte sie mit Geschichten, in denen Leid, Verlust und Hoffnung ineinander verwoben waren. „Aber es gab auch Zeichen der Gnade, so, als wir nach dem Ende des Krieges vom Kurfürsten die Erlaubnis erhielten, vor der Kirchentür Sammelbüchsen aufzustellen. Es war ein Zeichen des Überlebens – wir wollten aller Finsternis widerstehen!"

Die Stimmen der Zuhörer vereinten sich in ein leises Murmeln der Zustimmung. „Ein Bürger aus Cölln klagte 1651 gegen den Rat des Spandower Rates und brachte damit alle Missstände und die Lasten, auch die, die wir in Staaken zu tragen hatten, ans Licht. Wie er gaben auch wir nicht auf, ja, wir klagten und kämpften um unsere Gerechtigkeit … und letztlich gab der Rat uns, was er uns schuldig war."

Er beendete seine Erzählung mit einem Ausdruck der Zuversicht, „Wir hatten Zeiten des Mangels und der Not, aber es gibt uns noch. Wir sind durch das Leid gewachsen, und aus der Asche unserer Vergangenheit müssen wir lernen, uns wieder zu erheben. Wir sind Staaken, und unser Herz schlägt in jedem von uns."

Das Lächeln der Dorfbewohner leuchtete auf, während in ihren Herzen die Flamme des Glaubens neu entfacht wurde. Sie waren ein Teil dieser Geschichte – und ihre Geschicke waren untrennbar mit der Geschichte Staakens verbunden. Unter dem schwindenden Abendlicht blickten sie in eine Zukunft, die noch ungeschrieben war, aber sie waren bereit, sie gemeinsam zu gestalten.

Die letzte Lektion des Andreas Brunsicke

Es war ein grauer, nebliger Morgen im Dezember 1662, als die Bewohner von Staaken in die Dorfkirche strömten. Die Kälte hatte die Luft durchdrungen, und es schien, als würde der Frost selbst die atemberaubenden Geschichten der vergangenen Jahre in Ketten legen wollen. Die Menschen brachten Erinnerungen und Traurigkeit mit sich, denn heute war der große Lehrer, ihr Schweinehirt Andreas Brunsicke, der die Kinder des Dorfes so leidenschaftlich wie niemand sonst unterrichtet hatte, von ihnen gegangen.

Die Kirche war spärlich beleuchtet, als der neue **Diakon Christoph Rhewend** vor die versammelte Gemeinde trat. Andreas hatte ihm noch vor wenigen Tagen zu verstehen gegeben, dass er in den Schatten seines Lebens gewandert war, sich dem vertrauten Bann der Erinnerung und der Erzählung zu ergeben schien. Er wusste, dass die Zeit gekommen war, sein Vermächtnis an die Menschen Gewicht zu verleihen.

„Schwestern und Brüder, heute versammeln wir uns nicht nur, um von unserem geliebten Andreas Abschied zu nehmen, sondern auch, um seinen Geist und seine Geschichten in uns weiterleben zu lassen", begann Christoph mit sanfter Stimme.

Die Menschen schauten auf die leer gewordene Bankreihe, in der stets Andreas gesessen hatte, und jeder erinnerte sich an die Geschichten, die er erzählt hatte. Der Pfarrer hüllte sie in Schwingungen, die der Geduld, dem Flehen und den stürmischen Kämpfen der letzten Jahre entsprungen waren. Und da, im stillen Trauer um ihn, sprach die Seele von Staaken.

„Lasst mich euch von den Zeiten erzählen, die Andreas uns stets nähergebracht hat", begann Christoph. „Lasst mich erzählen von der großen Glocke, die in diesem Dorf die Herzen zusammenrief und mit ihrer Stimme die Zeit prägte. Eure Großväter und -mütter erinnerten sich, wie sie **1651** barst, und das Gedächtnis, wie sie abgenommen wurde, um in der Stadt Spandow ein neues Leben zu finden. Der Rat sah sich den schweren Kosten ausgesetzt; 10 Taler mussten wir sammeln, und so trugen wir alle etwas zu ihrem Klang bei. Die neue Glocke, gegossen aus dem alten Material, brachte uns ein neues Lied, das uns an die Andersartigkeit der Weiterführung erinnern sollte."

Die Augen der Hörer weiteten sich angesichts der vielen Bilder und nostalgische Erinnerungen, die lebendig wurden, während sich Brunsickes Geist mit den Herzschlägen im Raum verband. Christoph Rhewend fuhr fort: „14 Mal reisten wir Pfarrer nach Staaken, als hier ein Kirchenmeister fehlte. Wirklich, das war eine Zeit des Mangels, der

Stille und der Zweifel. Aber der Glaube hat uns bewahrt und den Glanz in der Dunkelheit genährt. Die Spandower konnten kaum helfen, der Rat zahlte ja dreifache Aufwände, um sicherzustellen, dass die Garnison nicht hungerte. Es war eine schwere Last, die wir auch mit Mut tragen mussten, denn von Staaken holte man deren weniges Getreide."

In den Gesichtern der Männer und Frauen, die die Erzählungen von Christoph verfolgten, blitzen Erinnerungen und Spuren von Resilienz auf – sie hatten erlebt, wie die Dorfbewohner zusammenkamen, um in den bittersten Wintern zu überstehen. Doch die tollwütigen Halunken des Krieges schienen nie weit entfernt sein.

„Und dann kam das Jahr 1660 – ein Jahr voller Veränderungen. Mag. Johann Buntebart wurde nach Cölln berufen, und meine Aufgabe, Mag. Christoph Rhewend, war es, das gute Werk fortzusetzen. Der Geist von Andreas, der stets unter uns war, begleitetet und lehrt uns nun jeden Sonntag, und gerade in dieser Stunde spüren wir den Verlust seines Einflusses. Sein Flehen um Frieden und sein Unterricht im Schweinestall. Wenn er erzählte, hörten alle, was er selbst lebte."

Die Erzählung steigerte sich, und das Verlangen nach dem alten Lehrer schwebte über den Köpfen der Menschen. Pfarrer Rhewend rief den Geist zurück: „Andreas wusste, dass sein Herz für die

Kinder geschlagen hatte, dass er nicht nur ein Lehrer des Buches, sondern auch ein Lehrer des Lebens war. Er berichtete von der Glocke, die seine tiefe Affinität zur Vergangenheit festigte, von den geschundenen Gemütern, den Mutigen aber auch unter den Staakenern, von den Verzweiflungen der Pfarrer und den Lasten des Rates in Spandow – von all dem, was ihr erlebt hattet."

Die Stimmen der Hörer wurden leiser, als sie die Gegenwart spürten – jede Geschichte ein Schatten von Andreas, so verzeihend wie herzlich. „Doch wurde uns auch gesagt, dass das Vermächtnis nicht stirbt. Ja, er blieb in seinen Menschen – und seine Unendlichkeit nannte sich Bildung oder Wärme, das Einbringen von Freude und der Puls des Lebens, der, obwohl eng verschnürt, weiterwuchs. Bis zu seinem letzten Atemzug blieb er der Mann, der uns alles lehrte."

Das Licht in der Kirche wurde schwächer, und der Pfarrer sprach letzte Worte über Andreas, die wie Perlen an einer Kette der Erinnerung aufgereiht waren. „Und so, meine Brüder und Schwestern in Staaken, lasst uns heute und an jedem Tag der Zukunft die Geschichten erzählen, die wir gelernt haben. Lasst uns die Glocke läuten, die den Klang der Gemeinschaft und den Geist von Andreas Brunsicke in sich tragen."

Als der Pfarrer schloss, sanken die Köpfe, und es wurde still im Raum. Die letzte Lektion von Andreas schwebte wie ein gelebter Traum in der Luft. Ein leises Flüstern hallte durch die Kirche – das Echo seines Erbes war lebendig, und auch, wenn seine Stimme verklungen war, so wurde Staaken, das Dorf aus dessen Geschichten, durch sie, die sich erinnerten, und den Erzähler, dem Schweinehirten und Lehrer Andreas Brunsicke, nie vergessen.

Teil 3

Kap. 8 - Diakon Fiedler erzählt die Geschichte Staakens

Otto. J. Fiedler, geb. in Brunne am 1.11.1750. Er war am Gymnasium in Neuruppin und Halberstadt und studierte an der Universität Halle. Nachdem er am 11.12.1778 ordiniert worden war, wurde er ab 1779 Diakon in Spandow und war mehr als 30 Jahre hauptsächlich für Staaken zuständig. Ab 1811 wurde er Archidiakon in Spandow, ab 1811 Oberpfarrer bis zu seiner Emeritierung 1831. Gestorben ist er am 1.9.1835 in Spandow. Man sagt, selten seien so viele Staakener zu einer Beerdigung wie zu der von Oberpfarrer Fiedler gepilgert.

Angesichts der Nöte in der napoleonischen Zeit begann der Diakon, den Menschen in Staaken zum Trost und um ihnen Hoffnung zu machen, nach der Sonntagsschule Geschichten aus ihrer Dorfgeschichte zu erzählen. Schnell fanden sich dazu auch viele Erwachsene ein, um auch mal an etwas Anderes zu denken als an ihre Not und den ständigen Existenzkampf. Die Ältesten des Dorfes, erzählten ihm, das der damalige Lehrer Andreas Brunsicke das schon sehr erfolgreich getan hätte.

Zu einem dieser trostlosen Sonntage trat Diakon Fiedler vom Altar hervor, zwischen die Gläubigen, um nicht nur den Trost des Glaubens, sondern ihnen auch die Kraft ihrer eigenen Geschichte zu vermitteln.

Die rauen Winde der Neuzeit klopften an die Fenster der Kirche, überall tuschelte man ängstlich den Namen Napoleon, während der Diakon seinen Blick über die versammelten Gesichter richtete – überwiegend müde und besorgt. Fiedler, ein Mann in den besten Jahren, nahm sich  vor, den Menschen hier nicht nur von Gottes Wort zu erzählen, sondern von den besonderen Taten und Schicksalen, die das Dorf geprägt hatten.

„Meine lieben Staakener," begann er mit fester Stimme, „lasst uns heute einen Blick in unsere eigene Vergangenheit werfen. Lasst uns von den Geschichten unserer Vorfahren hören, die uns in diesen schweren Zeiten Trost und Hoffnung spenden können. Ja, ich bin bei Neuruppin geboren, aber nun bin ich schon ein Vierteljahrhundert bei euch. Das verändert einen Menschen … ihr gehört zu meinem Leben, ihr und das ganze Dorf Staaken."

Die ältesten Männer des Dorfes nickten zustimmend. Mancher hatte Vater oder Mutter, die einst von woanders herkamen. Und einige erinnerten sich an die Erzählungen des einstigen Lehrers Andreas Brunsicke, der mit seinen Geschichten die Herzen der Menschen berührt hatte. In der Stille der Kirche, gebannt vom schlichten Charisma des Diakons, klang Fiedlers Stimme wie ein warmer Sonnenstrahl an einem kalten Herbsttag.

„Wusstet ihr," fuhr er fort, „dass das Rathaus in Spandow im Jahre 1667 große Mengen an Getreide einnahm, um die hungrigen Mäuler der Dörfer und der Stadt zu speisen? Es waren Zeiten der Not, doch die Bewohner hielten zusammen. Andreas Brunsicke hat euch ja davon erzählt. So wurden Roggen, Gerste und Hafer aus den umliegenden Dörfern in die Scheunen gebracht, um die Seelen zu nähren. Sie unterstützten sich gegenseitig, im Glauben und in der Tat, sorgten dafür, dass niemand hungern musste."

Die Menschen lauschten gebannt, während der Diakon sie durch die schweren Jahre ihrer Geschichte führte. Er erzählte von den Einquartierungen, die man in den 1670er Jahren zu verhindern wusste. „Stellt euch vor, liebe Gemeinde, wie die Bauern mit ihren schlichten Mitteln und einem unerschütterlichen Glauben an die Fürsorge Gottes, Einquartierungen abwenden konnten. Durch den vereinten Willen und das Streben, das Dorf zu bewahren, konnten die Schätze des Ackerbaus und die Würde der Familie bewahrt werden. Dank der Empathie der Spandower konnten wir uns durchsetzen, denn so sehr der Große Kurfürst auch wegen seiner Toleranz und Erfolge geschätzt wurde, war er doch wie alle Kurfürsten: Die Steuern stiegen ständig, das Heer wurde ausgebaut und er wollte eine Vormachtstellung in Europa. All das bezahlten wir einfachen Leute, auch seine überkandidelte Hofhaltung. Der Mann war ein Verschwender wie all seine Vorfahren."

Fiedler spürte, wie das Interesse der Menschen wuchs. Er fuhr fort, von der Wahl ihres Diakons Johann George Zeitz zu erzählen, der mit seiner Gottesfurcht und Gelehrtheit die Herzen der Staakener eroberte. „Er hatte ein gutes Zeugnis, und schon damals erkannten die Menschen die Wichtigkeit eines Geistlichen, der sie in schweren Zeiten ermutigen konnte. Diese Tradition der Hoffnung und des Glaubens haben wir bis heute bewahrt."

Bei jeder Geschichte blühte der Raum auf, und die Gesichter der Menschen hellten sich auf, als sie sich in die tiefen Wurzeln ihrer Gemeinschaft vertieften. Der Diakon sah, wie die Worte, die er sprach, sich wie bunte Fäden in ein Netz der Erinnerung hineinwebten, das die Menschen miteinander verband.

„Lasst uns auch die dunkleren Zeiten nicht vergessen," schlug er eine nachdenkliche Note an, „als unsere Glocke wieder einmal barst, 1669 war das, aber die Spandower haben sie umgegossen und kurze Zeit später erklang sie wieder … und wie die Schäden durch Wetter und Missernten geschahen, die 1671 das ganze Dorf betrafen. Doch die Kirche hielt stand, und die Gemeinde fand Möglichkeiten, trotz dieser Widrigkeiten zusammenzubleiben. Der Spandower Rat hatte sogar einen Kontrakt mit Adam Densow, dem ehemaligen Schäfer zu Ferbiz über **die Kirchen-Meierei in Staaken** mit der Verpflichtung, der Kirche jährlich 20 Scheffel Roggen, 20 Scheffel Gerste und 12 Scheffel Hafer zu geben habe, gemacht. Zudem müsse er die Geistlichen mit dem Kirchenwagen zu Sonn-, Buß- und Festtage und auch bei Rechnungslegung ans Ziel und zurückfahren. Wetterschäden aber und Missernten, die das ganze Dorf betreffe, würden zu Lasten der Kirche gehen, aber er habe den Hirtenlohn zu zahlen, von Einquartierungen, von Bürgerdiensten oder Steuern sei er aber frei. So konnten die Staakener alles gut überstehen."

Der Diakon sprach weiter, und seine Stimme wurde eindringlicher – die Geschichten wurden lebendig, als er erzählte, wie die Menschen ihre Not teilten und gemeinsam für eine bessere Zukunft kämpften. Er schloss die Erzählungen mit der Ermahnung, dass sie, wie ihre Vorfahren, auch heute zusammenhalten mussten, um die Stürme der Zeit zu überstehen.

So ging der Sonntag zu Ende, und als die Menschen aus der Kirche schritten, war die Last ihrer Sorgen doch ein wenig leichter geworden. Sogar einige Kinder huschten fröhlich über die Wege des Dorfes, während die Erwachsenen in tiefen Gesprächen miteinander verweilten.

Diakon Fiedler hatte nicht nur Geschichten erzählt. Er hatte die Seelen seiner Gemeinde berührt und sie daran erinnert, dass die Kraft der Gemeinschaft, des Glaubens und der Hoffnung auch in den dunkelsten Zeiten bestehen bleiben konnte.

So wollte er das nun jeden Sonntag tun, um selbst in der rauesten Zeit das Licht des Glaubens und der Zuversicht in den Herzen der Staakener zu bewahren oder neu zu entzünden.

Die Geschichten des Diakons Fiedler gehen weiter …

Die Sonne blinzelte durch die Fenster der kleinen Kirche in Staaken, während die Gläubigen am letzten Sonntag ihren Weg zur Kirche fanden. Diakon Fiedler, der etwas über dem Durchschnitt gewachsene Mann mit dem schütteren Haar und den tiefen, nachdenklichen Augen, ließ seine Gedanken kreisen, während er die gespannten Gesichter der Dorfbewohner betrachtete. Die letzte Erzählung über die Geschichte ihres Dorfes hatte ein reges Interesse entfacht, und er wusste, dass er die alten Geschichten fortsetzen musste, um das Band der Gemeinschaft zu stärken.

Nach dem letzten Gebet stellte sich der Diakon resolut auf die Kanzel und begrüßte die Dorfbewohner mit einem Lächeln. „Liebe Gemeinde, heute möchte ich euch von den Errungenschaften und den Herausforderungen berichten, die unser geliebtes Staaken in den Jahren nach dem großen Krieg geprägt haben."

Fiedler begann, die Zuhörer auf eine Zeitreise mitzunehmen. „Im Jahre 1679 begab sich der Rat zu Spandow zum Kurfürsten, um über die Lage in Staaken zu berichten. Ihr wisst, wie wichtig der Gottesdienst für das Dorf ist, doch seit 1662 war es eine Herausforderung, den Schuldienst aufrechtzuerhalten. Ein Bürger von Spandow, der jeden Sonntag mit dem Pfarrer nach Staaken fuhr, stellte sich den Widrigkeiten, doch der Weg war weit und die Gottesdienste blieben oft unregelmäßig."

Die Zuhörer schauten sich an. Sie wussten, wie oft sie ohne ihren geliebten Pfarrer auskommen mussten, und die Notwendigkeit einer festen Küsterei wurde ihnen klar. „Die Gemeinde ließ nicht locker. Sie baten um die Erlaubnis, eine ständige Küsterei einzurichten, um den Schuldienst zu gewährleisten. Nicht weniger als der Kurfürst selbst genehmigte deren Anliegen, und so wurde in allen Kirchen Berlins und Cöllns zu Spenden aufgerufen. Ich erlebte es noch, wie wir zusammenkommen, um für unsere Kirche zu sammeln – dies ist eine Tradition, die nicht verloren gehen darf."

Die Augen der Dorfbewohner leuchteten. Sie hörten förmlich das Rauschen der früheren Sammlungen, das Klirren der Münzen in den Sammelbüchsen. „So nahm das Schicksal seinen Lauf. Schließlich wurde beschlossen, dass Holz aus der Falkenhausener Heide zum Bau des Küsterhauses bereitgestellt werden sollte. Am 3. November 1680 erhielt die Gemeinde die Bewilligung des Kurfürsten, und das Holz wurde gefällt, um unsere Hoffnung zu erfüllen und die Küsterei zu errichten."

Die Einzelheiten der damaligen Ereignisse waren ihm vertraut, doch er wollte das Bild lebendig machen. „Stellt euch vor, wie die Arbeiter, im Glauben vereint, die Wände des Küsterhauses hochzogen, während sie Geschichten aus den heiligen Schriften austauschten. Ihre Hände waren stark, doch ihre Herzen waren stark gereift und erfüllt vom Glauben. Dieser Bau war nicht nur ein Gebäude, sondern ein Symbol des Zusammenhalts, der in der schwersten Zeit gedeihen konnte."

Fiedler spürte das Erwachen des Gemeinschaftsgeists in seinen Zuhörern. „Doch die Geschehnisse hielten hier nicht an", fuhr er fort. „Die Erinnerungen an die alten Gebräuche wurden wachgerüttelt, als die Ratsherren beschlossen, gewisse Regelungen für die Taufen und Trauungen einzuführen. Man hatte sich zusammengesetzt, um sowohl Ordnung als auch Gemeinschaftsgeist zu bewahren. Und auch der alte Kirchhof wurde erneut thematisiert, der Platz für die Bestattungen war ja fast erschöpft. Der Kirchhof vor dem Klostertor wurde zur neuen Stätte des Friedens und der Ruhe."

Die Köpfe der Dorfbewohner bewegten sich nickend. Sie vertrauten auf die Entscheidungen ihrer Vorfahren. „Und so brachte das Jahr 1681 Ereignisse mit sich, an die wir uns erinnern müssen. Der Garten des Hans Abt wurde zum Standort der neuen **Küsterei**, und das Leben in Staaken blühte auf. Die Bauarbeiten begannen. Auch die Mauern begannen, zum Himmel zu wachsen, wie unser Glaube das Herz jedes Einzelnen von uns."

In seiner Stimme schwang der Stolz der Gemeinschaft mit. „So kamen auch die Jahre, in denen die Kirche ihre Dächer erneuerte und unsere dörfliche

Gemeinde wuchs – mit mehr Bauern und vielleicht neuer Hoffnung. Der Ziegelofen wurde wiederbelebt, und die Bedingungen verbesserten sich, auch wenn das Bier damals Mangelware war. Sonst erhielten die Staakener für Dienste im Spandow immer auch Bierfässer, aber bei so viel Militär wurde Bier knapp. Doch die Geduld und die Treue der Staakener bewahrten die Beständigkeit."

Die Zuhörer lehnten sich vor, gebannt von den Geschichten, die wie lebendige Bilder in ihren Köpfen entstanden. Diakon Fiedler beendete seine Erzählung mit einem eindringlichen Appell: „Lasst uns in den Fußstapfen unserer Vorfahren gehen! Lasst uns die Fackel des Glaubens und der Gemeinschaft weitertragen, indem wir uns um unser Dorf kümmern, es wachsen und gedeihen lassen und die Herausforderungen annehmen, die uns die Zeit stellt.

Und so geschah es: Am 18. März **1682** wurde mit dem Mauern der Küsterei in Staaken begonnen. Die Staakensche Kirchenmeierei wurde dann **1683** auf Kosten der Nikolaikirche mit Rohr bedeckt.

Das Dorf Staaken wuchs nun: **1684** gab es drei Meiereien und eine Schäferei fand sich im Dorf."

Die Kinder wurden lebhaft, während Erwachsene die Bedeutung der Worte des Diakons durch die leuchtenden Augen ihrer Kinder vorweggenommen hatten. Es war nicht nur eine Geschichte der Vergangenheit, sondern ein Aufruf, die Zukunft gemeinsam zu gestalten.

Am Ende der Sonntagsschule war die Kirche erfüllt von einem lebhaften Gespräch, als die Dorfbewohner in kleinen Gruppen zusammenstanden und über die Geschichten diskutierten, die Fiedler erzählt hatte. Es war ein Moment der Gemeinschaft, ein Zeichen dafür, dass die Wälder, die sie durchqueren mussten, von ihrer Geschichte durchzogen waren, und dass jede Handlung, jede Entscheidung, die sie heute treffen würden, den unaufhörlichen Fluss ihrer gemeinsamen Erzählung weiter vorantreiben würde.

Die Sonne schickte ihre ersten Strahlen durch die bunten Fenster der Staakener Kirche, während die Gemeinde sich nach der Sonntagsschule versammelte, wo schon die Kinder auf sie warteten. Diakon Fiedler stand bereits auf der Kanzel, vorbereitet und gespannt darauf, die Herzen und Ohren seiner Zuhörer wieder für die Geschichten ihrer Vorfahren zu öffnen.

„Geliebte Gemeinde", begann er mit einer warmen Stimme, „lasst uns heute erneut in die bewegte Vergangenheit unseres geliebten Staaken eintauchen. In der Zeit, als die Herausforderungen groß waren, doch unser Zusammenhalt und unser

Glaube noch größer waren, geschahen viele Dinge, die unsere Gemeinschaft formten."

Die Menschen hörten aufmerksam zu, und ein Gefühl der Verbundenheit zog sich wie ein roter Faden durch den Raum. „Im Jahr 1684", fuhr Fiedler fort, „war es der ehrwürdige Diakon Zeitz, der einen Vorschlag einbrachte, um den Staakenschen Kirchenwagen, der der hiesigen Kirche auferlegt worden war, zu überarbeiten. In schweren Zeiten blieb das Geld für den Kirchenwagen aus Spandow aus und belastete das Dorf sehr. Zeitz, ein Mann mit einer Vision, bat darum, dem Küster von Staaken, einem fleißigen Mann des Glaubens, anstelle der mageren zwölf Scheffel Roggen, auch die zwölf des Tertianus zu geben. Das wurde genehmigt, doch es sollte noch bis 1710 dauern, bis dieser rechtmäßige Anspruch gewährt wurde."

Die Gemeinde schüttelte den Kopf, mitfühlend und voller Verständnis für die leidvollen Kämpfe ihrer Vorfahren. „Im Jahr darauf stellte die Kämmerei Spandow während der Vakanzen einen jungen Mann, den Studiosus Meerkatz, in ihren Dienst. Er predigte in einer Zeit, in der die Pastoren oft zu kämpfen hatten, und erhielt eine bescheidene Vergütung von lediglich drei Talern sechs Groschen. Doch selbst diese Summe war in der damaligen Zeit eine wertvolle Unterstützung."

Fiedler bemerkte, wie die Erinnerungen der Dorfbewohner an solche Plackereien lebendig wurden und die sich an den Studiosus erinnerten, für sie war es ihr Pfarrer. „Schaut, liebe Gemeinde, inmitten der Herausforderungen entstanden Projekte, die uns bis heute begleiten. Am 11. Mai 1687 wurde der Entwurf für den Ausbau des Predigerwitwenhauses in der Ritterstraße in Spandow vorgestellt. Die Umbaukosten waren jedoch höher als die eines Neubaus. So sprang der Bürgermeister George Neumeister, ein Wohltäter auch unserer dörflichen Gemeinde, in die Bresche und wollte die verwüstete Brandstelle in der Jüdenstraße dazu schenken! Das war doch einmal ein Zeichen des Wandels und der Hoffnung.“

Die Dorfbewohner murmeln leise in Zustimmung, während der Diakon weiter ausführte: „Der Neubau wurde mit viel Engagement geplant, mit der vereinten Hilfe unserer Gemeinde. Cuno von Priort steuerte hundert Taler bei, die Neumeisterwitwe ebenfalls hundert, dazu fünfundzwanzig Taler vom Gouverneur der Festung und fünfunddreißig Taler vom Verkauf des wüsten Hauses von Johann Schmidt. Das war ein Ausdruck des wahrhaftigen Gemeinschaftsgeistes – eine Ansammlung von Talern, die letztlich den Grundstein für unser heutiges Predigerhaus legten.“

Fiedler spürte die tiefe Verbindung der Menschen zu ihrer Geschichte und der Bauleistung, die zu einem Zeichen des blühenden Glaubens geworden war. „In der Folge wurden bei der Moritzkirche siebzig Taler sechzehn Groschen gesammelt und es kam dazu, dass man 1691 Geld geliehen hat. Das Witwenpredigerhaus kostete insgesamt achthundert Taler. Doch diese Mühen und die Hingabe an unser Glaubensleben tragen bis heute Früchte. Mit den Geldern der Dorfkirche Staakens sollte alles finanziert werden, durch die Spenden waren wir aber viel weniger belastete als befürchtet."

Er machte eine kurze Pause und sah in die Gesichter der Zuhörer, um dann über das nächste Kapitel zu informieren. „Im Jahr **1692** wurde der Tertianus Rosenthal zum Feldprediger nach Berlin berufen – in Staaken gut bekannt, da er oft hier Pfarrdienste übernahm. Daraufhin erlebten wir mit Baccalaureus Elste einen weiteren Wechsel. Elste, der zuvor Jura studiert hatte, konnte die Predigtaufgaben nicht erfüllen und musste dafür dem Diakon drei Scheffel Getreide und fünf Taler abgeben. Diese Schwierigkeiten – liebe Gemeinde – spiegeln die Entbehrungen der damaligen Zeit wider. Aber die Spandower begannen, diese Herausforderungen zu entwirren, indem sie bei neuen Berufungen festlegten, dass die Extrazahlungen in die Verträge aufgenommen werden sollten, damit künftige Diakone nicht denselben Kampf führen mussten und Staaken immer versorgt sein würde."

Ein Murmeln der Erleichterung ging durch die Reihen. Fiedler warf ein Lächeln in die Runde. „Aber auch in den Notzeiten gab es immer kleine Lichtblicke. Der neue Baccalaureus, Martin Knüppel, übernahm einige Aufgaben dank seiner besseren Griechisch-Kenntnisse und lebte, solange er unverheiratet war, in der Schule. Doch auch hier war der Dienst nicht immer leicht. An den Festtagen – Weihnachten, Ostern, Pfingsten – musste auch er in Staaken predigen, ohne Ausnahme."

Die Hörer lehnten sich in ihren Bänken zurück, während sie an die Bedeutung der Feste und die Herausforderungen der Zeit dachten. „Schließlich, im Jahr **1694**," fuhr Diakon Fiedler fort, „wurde der Brunnen der Staakener Meierei auf Kosten der Nikolaikirche gegraben – als ein weiteres Zeichen unserer fortdauernden Gemeinschaft und unseres Engagements. Jeder Tropfen Wasser, der aus diesem Brunnen floss, war ein Symbol der Hoffnung angesichts der Entbehrungen, die viele erlitten hatten."

Als der Diakon seine Erzählung zu einem Ende brachte, wusste er, dass er die Menschen nicht nur auf eine Reise in die Vergangenheit mitgenommen hatte, sondern dass er auch die Essenz des Zusammenhalts und der Resilienz ihrer Gemeinschaft neu entfacht hatte. „Lasst uns, liebe Staakener, in den Fußstapfen unserer Vorfahren wietergehen. Lasst uns die Lehren aus der Vergangenheit ziehen, um das Licht des Glaubens in unsere Zeit zu tragen und all die Herausforderungen, die vor uns liegen, gemeinsam zu meistern."

Die Gemeinde erhob sich zum Gebet, und Fiedler spürte den stummen Schwur, dass ihre Geschichte nicht nur eine Ansammlung von Daten und Ereignissen war, sondern ein lebendiges Erbe, das sie zelebrieren und bewahren mussten. Mit dem Licht des Glaubens in ihren Herzen traten die Menschen hinaus in die Welt, entschlossen, ihre Geschichte fortzuschreiben und die Bande der Gemeinschaft zu festigen.

Kap. 9 - Staakener Geschichte im 18. Jh.

Zum Ende der Sonntagsschule füllte sich die Dorfkirche fast bis auf den letzten Platz. Die Stille der Kirche erfüllte den Raum, als Diakon Fiedler seinen Blick auf die erwartungsvollen Gesichter der Dorfbewohner richtete. Er wusste, dass die letzten Erzählungen über die Gründungen und Herausforderungen ihrer Gemeinde ihr Wissen um ihre Wurzeln reicher gemacht hatten. Heute war er entschlossen, die Bedrohungen der Geschichte weiter in die Erinnerung der Staakener zu verweben und all die bedeutenden Ereignisse, die Staaken geformt hatten, weiterzugeben.

„Heute," begann Fiedler, „werden wir die Entwicklungen erkunden, die sich im frühen 18. Jahrhundert in unserem geliebten Staaken abspielten. Diese Zeit war geprägt von entscheidenden Veränderungen, die sowohl das Leben unserer Vorfahren als auch den Platz der Kirche in unserer Gemeinschaft prägte."

Die Menschen in der Gemeinde lauschten gespannt, als der Diakon sie mit zurück in das Jahr 1699 nahm. „In jenen Tagen, am 16. Juli, befahl der Kurfürst, dass viele Dörfer in unserer Umgebung, einschließlich unseres Staakens, ihre Biere und Branntweine bei den Spandower Bürgern beziehen sollten. Dies war ein bedeutendes Dekret, das nicht nur Einfluss auf die lokale Wirtschaft hatte, sondern auch die sorgsame Tradition des Brauens und Brennens in unser Dorf brachte." 

Ein zustimmendes Murmeln ging durch die Reihen. Fiedler fuhr fort: „Die Gemeinschaft von Staaken war eng verbunden, und der Ortsgebrauch hielt die Menschen im Austausch miteinander. Jedes Bier, das gebraut wurde, war nicht nur ein Getränk, sondern auch ein Symbol ihrer Zusammengehörigkeit, ihrer Feste und ihrer Freude. Aber unter den Klängen des Zapfhahns schlossen sich auch die Herausforderungen, die unser Volk über die Jahre hinweg beweisen musste. Aber vergessen wir nicht, oft waren die Brunnen auch verschmutzt, so dass sogar die Kinder das natürlich verdünnte, aber eben doch gesündere Bier zu trinken bekamen."

Er malte ein Bild der harten Tage für seine Zuhörer. „Am 27. März 1702 wurde Johann Cerven als Tertianus zu uns berufen, um in den Hochfesten zu predigen. Er trat an die Stelle des verstorbenen Martin Knüppel. Diese ständige Fluktuation in der Kirche war sowohl eine Herausforderung als auch eine Gelegenheit für unser geistliches Leben."

Diakon Fiedler sah, wie das Andenken an Knüppel in den Gesichtern der älteren Mitglieder der Gemeinde lebendig wurde. „Doch auch in solchen Zeiten, als der Rat der Stadt Spandow in der Sitzung am 14. September 1702 beschloss, dass die Staakener nicht nur mit Lebensmitteln, sondern auch in Geld zu zahlen hätten, verkörperte dies den immerwährenden Kampf um das tägliche Brot. Die von der Gemeinde festgelegten Tabellen – eine Gans für sechs Pfennige, ein Kalb für zwei Groschen und so weiter – waren mehr als nur Maßeinheiten; sie waren der Ausdruck eines geregelten Lebens."

Die Kirche füllte sich leise mit dem Rascheln der Erinnerungen der Anwesenden. „Das, meine lieben Freunde, waren die Herausforderungen der damaligen Zeit. Aber unsere Vorfahren waren weise und erfinderisch. **Reinike**, unser Kirchenmeier, gab **1703** an die Nikolaikirche einen Wispel Roggen, Wispel Gerste und zwölf Scheffel Hafer. Diese Gaben waren nicht nur ein Zeichen der Hingabe, sondern trugen auch dazu bei, die Wurzeln unserer Gemeinschaft zu stärken, denn gerade die Kirche in Spandow dachte immer auch an die Gemeinden in den Dörfern.“

„Wie stolz ihr alle sein dürftet auf die hiesigen Bauern“, sagte der Diakon mit Nachdruck, „die **1708** ihr Angeld an die Kirchenmeierei 100 Taler entrichteten! Solche Beiträge helfen uns zu verstehen, wie sehr sie die Gemeinde trugen und unterstützen, selbst in den schwierigen Jahren nach dem Krieg.“

Ein zustimmendes Nicken aus der Menge kam, während sich die Gläubigen daran erinnerten, wie durch die Kraft des Zusammenhalts ihre Vorfahren in der Lage waren, die Herausforderungen zu meistern. Und dachten an Johann Wendt, der den verwahrlosten Weinberg vor dem Klostertor übernahm. Das zeigte doch, dass jemand aus Staaken nicht nur den eigenen Vorteil suchte, sondern auch einen Teil seines Lebens in die Gemeinschaft investierte und den Spandowern zur Hilfe wurde. Das dachten sie, sollte es häufiger geben.

Der Diakon hielt inne, um den Moment der Reflexion zuzulassen. „Im Jahr **1710** setzte die Amtskammer der Spandower an, dass alle Bauern ihr

Getreide in der Amtsmühle mahlen lassen mussten. Und so zeigt die Geschichte, wie wir als Gemeinschaft zusammenkamen und unsere Pflichten in schwerster Zeiten erfüllen mussten. Diese Mühlen, die wir so oft besucht haben, waren nicht nur Orte des Mahlens, sie symbolisierten die Kraft der Zusammenarbeit, die uns bis heute prägt."
Ein Schmunzeln huschte über die Lippen einiger älterer Dorfbewohner, als sie an die vertrauten Geräusche der Mühlen dachten.

Fiedler setzte sein Thema fort: „Und während die **Pest** in Preußen wütete, erhielt der Kirchenvorsteher in den Jahren **1710** und **1711** eine zusätzliche Entlohnung, denn er holte den Pfarrer immer wieder zusätzlich nach Staaken, damit für die Abwendung der Pest gebetet werden konnte. Die Bevölkerung war bereit, auch in Zeiten der Not zusammenzustehen und die anvertraute Verantwortung zu tragen. Gemeinsam beteten sie an einem Ort, der für sie alle von Bedeutung war."

„**1712** erhielt unsere Schule eine wichtige Ermahnung: Die Kinder sollten von Marien Verkündigung bis zum Michaelstag das Lernen nicht vernachlässigen. Jeder Küster musste nun **Listen** führen, um sicherzustellen, dass alle Kinder zur Schule kamen, denn der Soldatenkönig hatte die Schulpflicht in Preußen eingeführt. Was für eine Initiative! Die Freiheit, in Gemeinschaft zu lernen, weckte die

Begeisterung bei unserer Jugend. Dies geschah aus dem Glauben heraus, dass Wissen der Schlüssel für eine bessere Zukunft ist. Die Schulen und Städte taten sich aber schwer, wenn nun jeder kam und nicht nur die Elite der Ort."

Die Gemeinde hörte gebannt zu, als der Diakon mit seiner Erzählung fortfuhr. „In diesem Jahr wurde die Witwenkasse gegründet, und die Patengelder aus Staaken wurden zwischen den Witwen der Prediger verteilt. Ein Teil der Wohltaten wurde an Studenten vergeben, die zur Universität gingen. Diese Hilfe beweist, wie sehr der Glaube an die Bildung und Chancen für alle hier gewachsen war. In Spandow legte man Wert darauf, dass jeder die Möglichkeit hatte, sich zu entwickeln. Für die Dorfbewohner blieb es aber lange eine nicht verwirklichte Hoffnung."

Als Fiedler zu seinem Höhepunkt kam, erzählte er von den Renovationsarbeiten an der Dorfkirche: „**1712** wurde unser Kirchenturm neu errichtet, nicht mehr in der Mitte des Kirchenschiffs, sondern an der Flucht der Südwand. Der Kaufpreis beinhaltete nicht nur Materialien, sondern auch einen **vergoldeten Turmknopf** und eine **Turmfahne** – ein Zeichen von Stolz, was die Menschen von Staaken mit ihrer Gemeinde verband. Sogar ein **Leichenhaus** wurde gebaut, das ist der Raum, den wir heute als Kapelle nutzen. Auch die **Kirchhofsmauer** wurde mit Steinen ausgebessert, die wir

74

von der alten abgebrochenen Stadtmauer aus Spandow holen durften. Euer Vorfahr, der Kirchenvorsteher, wusste, was für eine kostbare Schöpfung die Kirche darstellt – ein Ort der Hoffnung, des Glaubens und der Gemeinschaft."

Das Murmeln der Zustimmung erfüllte die Kirchenbänke. „So können wir sehen", schloss der Diakon, „dass jede Entscheidung, jede Spende, jedes Wort des Glaubens, das gesprochen wurde, dazu beitrug, den Weg für unsere heutige Gemeinschaft zu ebnen. Lasst uns nicht nur in Erinnerungen schwelgen, sondern auch die Herausforderungen, die vor uns liegen, mit dem gleichen Mut und der gleichen Entschlossenheit angehen, die unseren Vorfahren eigen war."

Die Gläubigen erhoben sich aus ihren Bänken, erfüllt von neuem Gemeinschaftsgeist und einer tiefen Verbundenheit zur Geschichte ihres Dorfes. Mit erhobenen Köpfen traten sie hinaus in die Welt, entschlossen, ihre eigene Geschichte fortzuschreiben – eine Geschichte, die von Glauben, Zusammenhalt und Hoffnung geprägt war.

Der Glanz vergangener Zeiten

Die Kirche von Staaken war an diesem Sonntag nach der Sonntagsschule wieder gefüllt mit dem warmen Licht der Sonnenstrahlen, die durch die bunten Glasfenster strahlten. Diakon Fiedler trat auf die Kanzel, und die angespannte Stille, die folgte, brachte ihm den Herzschlag des Dorfes näher. Er sah in die erwartungsvollen Gesichter und wusste, dass die Menschen erneut bereit waren, sich auf eine Reise in die Vergangenheit zu begeben.

„Geliebte Gemeinde," begann er mit seiner gewohnten, festen Stimme, „heute leite ich euch in eine Zeit voller Veränderungen in unserem geliebten Staaken, die von der Errichtung und dem Zusammenhalt zeugt. Lasst uns Zeugen der Ereignisse werden, die unsere Gemeinde geformt haben."

„Beginnen wir im Jahr **1713**", führte Diakon Fiedler ein und sein Blick schweifte über die Versammelten, während er die Ereignisse beschrieb. „Am 19. März wurde der neue Turmknopf unserer Kirche feierlich aufgerichtet. In diesem Knopf fanden sich allerlei Münzen der Landeswährung als Zeugnisse der vergangenen Tage, enthalten aber waren auch die Träume der Vorfahren. Darin steckte der Glaube an die Zukunft und das Streben, die Geschichte unseres Dorfes an die kommenden Generationen weiterzugeben."

Die Gläubigen lachten leise, während sie sich in die Feierlichkeit des Moments versetzten. „Doch nicht nur unsere Kirche entwickelte sich in dieser Zeit. Es war ein entscheidendes Jahr für die Menschen von Staaken, insbesondere für die Brautradition. Der König befahl unserem Krüger, sein Bier künftig direkt vom Rat zu kaufen. Wir sehen, über Bier wurde viel in Preußen nachgedacht. Dies war aber nicht nur für die Qualität des Bieres von Bedeutung, sondern auch für das wirtschaftliche Wohlergehen der Bürger. Derjenige, der mit Verantwortung in der Braukunst umging, machte somit vieles möglich."

Mit einem wissenden Lächeln bemerkte der Diakon die Reaktionen seiner Zuhörer. „Die Zeit brachte auch einige Herausforderungen mit sich. Der König gewährte den Predigerwitwen in Staaken eine Unterstützung – die Patengelder sollten aus Staaken kommen. Doch im Jahr **1714**, als diese Gelder an die Diakonenwitwen ausgezahlt wurden, fiel die Inspektorenwitwe durch das Raster. Es war Inspektor Lamprecht, der das Unrecht erkannte und für Gerechtigkeit sorgte; seine Intervention führte am 31. Oktober des Jahres zur Korrektur – eine wichtige Lektion im Umgang mit den Bedürfnissen der Gemeinschaft."

Ein Schweigen war in den Reihen wahrzunehmen, und der Diakon lächelte. „**1716** war ein weiteres Jahr des Wandels. Der Rat von Spandow entschloss sich, 160 Taler für die Reparatur unserer Kirche bereitzustellen und zusätzlich 24 Taler für den Einbau des neuen Magistratschores. Also nahmen sich die Honoratioren vor, häufiger nach Staaken zu kommen. Der Chor war bereits 1713 gebaut worden, doch erst jetzt konnten die Rechnungen beglichen werden. Dies zeigt uns, wie Allianzen weit über die Mauern Staakens hinausgegangen waren, aber auch, dass schon damals die ‚Behördenmühlen' langsam mahlten."

Fiedler spürte eine enge Verbindung zu den Menschen in der Kirche und fuhr fort: „Mit der Einführung der Schulpflicht in ganz Preußen am 28. September 1717 stehen wir nun vor einer neuen Herausforderung. Die Schulen in Spandow und Staaken müssen sich auf den Zustrom von Kindern einstellen. Hier beginnt das Zeitalter des Wissens und der Erziehung, ein Geschenk an die Kinder unserer Gemeinde. Was für eine Herausforderung, aber auch eine Chance!"

Die Gemeinde nickte und war sich der großen Verantwortung bewusst, die auf ihren Schultern ruhte. Der Diakon setzte seine Erzählung fort: „Im Jahr **1723** fand die **Kirchenvisitation** in Staaken statt. Unser Inspektor stellte fest, dass der neue Kirchwagen stark durch die vielen Privatfahrten des **Pfarrers Krohß** geschädigt war. Diese Entdeckung führte zur Entscheidung, private Fahrten fortan zu untersagen. So wurde die Betriebsfähigkeit des Kirchwagens gewahrt, ein weiteres Zeugnis für unser Engagement, die Würde unserer Gemeinschaft zu schützen."

Er machte eine kurze Pause und bemerkte, wie wichtig die Rücksichtnahme auf die Tradition war. „Im selben Jahr setzte sich die Gemeinde zusammen, um Vorbereitungen zu treffen, da der König von Großbritannien auf dem Weg nach Charlottenburg durch Spandow kommen würde. Die Passage von Staaken bis zu unserer Nachbargemeinde musste aufgeräumt werden, damit unser Dorf in vollem Glanz erstrahlen konnte. Diese Zusammenarbeit war ein Ausdruck unseres Stolzes und unserer Gastfreundschaft."

„Ein weiteres Jahr des Wandels folgte, als der **Nachtwächter 1725** von der Kämmerei *jährlich 6 Taler* für seine Dienste erhielt, neben *einem Paar Stiefeln.* Lasst uns nicht vergessen, wie wichtig solche Gesten für unsere Gemeinschaft sind. Es sind nicht nur die Pflichten des Nachtwächters, die für den Schutz des Dorfes stehen, sondern auch der Respekt, der ihm entgegengebracht wird. Diese kleinen Belohnungen schaffen große Verbundenheit."

Als Fiedler im Geiste der damaligen Zeit fortfuhr, erzählte er von den Veränderungen, die die Gemeinde immer wieder zusammenkommen ließen. „**1725** ließ die Gemeinde ihren Abendmahlskelch und die Patene vergrößern und auf der Vorderseite mit der Gravur *‚Staaken 1725'* versehen. Solche Symbole einen die Gemeinde und zeigen, dass wir große Bedeutung auf das Sakrament des Abendmahls legen, das untrennbar mit unserem Glauben verbunden ist."

Die Menschen hörten mit leuchtenden Augen zu, während Diakon Fiedler von einem weiteren Ereignis erzählte. „Im Jahr 1728 erlebte unsere Glocke, die ja immer wie das Herz des Dorfes geschlagen hat – und sogar eine Legende verkörperte. Doch sie barst und musste in Spandow umgegossen werden. Die Glocke läutete kurze Zeit später wieder und begann, ihre Melodien über das Dorf zu tragen, ein Zeichen für Hoffnung und Beständigkeit."

Fiedler spürte, wie die Dorfbewohner durch diese Erinnerungen wieder verbunden wurden. „Im Jahr **1729** starb der Minister von Katsch, und sein Leichnam wurde durch Spandow und Staaken nach Döberitz gebracht. Überall wurde geläutet – ein Zeichen des Respekts. Es ist bemerkenswert, wie stark der Zusammenhalt der Gemeinde in solchen Zeiten war! Diese Trauer vereinte die Menschen, ließ sie zusammenkommen, um ihre Trauer zu teilen."

„Am 1. Dezember **1729** wurde schlussendlich der Kirchturm unserer Dorfkirche für 72 Taler mit einer **Uhr** ausgestattet. Diese Uhr sollte Reisenden zur Orientierung dienen. Ein weiteres Symbol der Hoffnung, der Einheit und des stetigen Fortschritts."

Mit diesen Gedanken schloss Diakon Fiedler seine beeindruckende Reise durch die Geschichte Staakens. „Was wir aus diesen Erzählungen mitnehmen, ist der unerschütterliche Glaube, die Verbundenheit und die bemerkenswerte Widerstandskraft. Lasst uns weiterhin die Traditionen unserer Ahnen ehren und die Botschaft bewahren, dass unsere Gemeinde immer stark stehen wird – egal, welche Herausforderungen uns auch bevorstehen.“

Die Gläubigen erhoben sich in einem Moment der Dankbarkeit und des gemeinschaftlichen Stolzes und traten hinaus, um die frische Luft zu atmen. Unter dem strahlenden Himmel von Staaken wusste Diakon Fiedler, dass das Vermächtnis der Vorfahren in den Herzen der Menschen lebendig blieb und dass ihre eigenen Geschichten, die heutigen Herausforderungen und die Zukunft des Dorfes weiterhin miteinander verwoben waren.

Sturm und Frieden in Staaken

Wie fast jeden Sonntag, immer, wenn Sonntagsschule war, stand Diakon Fiedler nun wieder auf seiner Kanzel, bereit, die Folge ihrer gemeinsamen Geschichte zu enthüllen. Er stellte fest, dass die Dramatik und die wechselvollen Bedingungen der vergangenen Jahre ihren Einfluss auf das dorfbewohnende Leben stark hinterlassen hatten. Mit seiner tiefen Stimme begann er: „Geliebte

Gemeinde, heute nehme ich euch mit auf eine Reise in die Jahre **1730** bis **1750** – eine Zeit, die geprägt war von Herausforderungen, Widerstandsfähigkeit und schließlich von der Hoffnung auf Frieden."

„Beginnen wir im Jahr **1730**, als neue Verordnungen für unsere Predigerwitwen erlassen wurden. Diese Regelung war von enormer Bedeutung, setzte sie doch fest, dass die Kinder der Witwen ohne Eltern ebenfalls versorgt werden mussten. Es sollte künftig eine Aufsichtsperson im Predigerwitwenhaus leben, die den älteren und bedürftigen Kindern half. Damit wurde ein Grundstein gelegt für die Fürsorge innerhalb der Gemeinschaft, denn es war klar, dass wir als Dorfgemeinschaft füreinander Verantwortung tragen mussten."

Die Zuhörer in der Kirche hörten aufmerksam zu. „Diese Reform fand jedoch während einer Zeit statt, in der unser Dorf auch von schweren Schicksalsschlägen betroffen war. Im Jahr **1737** brannte der Staakensche Krug nieder, ein Ort des Zusammenkommens; dazu verloren vier Bauernhöfe und ein Kossätenhof ihre Existenz. Diese Katastrophen haben uns alle betroffen und uns die Zerbrechlichkeit unseres Lebens vor Augen geführt."

Ein leises Gemurmel der Anteilnahme und Trauer ging durch die Reihen. Diakon Fiedler spürte die Wellen der Erinnerungen, die die ältesten Menschen in die Vergangenheit zurückführten.

„Doch die Herausforderungen blieben nicht stehen. Im Jahr 1739 erlitten wir erneut Wettschäden am Kirchturm unserer Kirche. Um die Schäden zu beheben, mussten wir 50 Taler von der Moritzkirche leihen. Das waren nicht nur finanzielle Mittel, sondern ein Zeichen für den Zusammenhalt unserer Glaubensgemeinschaft, die bereit war, in Krisenzeiten zusammenzustehen. Außerdem wurde auch die Innenausstattung durch den Zukauf zweier Altarleuchter aus Zinn vervollständigt – jeder dieser Leuchter, der 9½ Pfund wog, ließ nicht nur Licht in unserer Kirche erstrahlen, sondern auch die Hoffnung auf bessere Tage."

Fiedler trat einen Schritt vor die Kanzel und seine Stimme wurde eindringlicher. „Die Jahre vergingen, doch die Dorfbewohner blieben unermüdlich in ihren Anstrengungen. **1744** wurde eine gründliche Vermessung der Spandower Grundstücke durchgeführt, auch unsere, und das Urbarium, bestehend aus 17 Büchern, musste dreimal kopiert werden. Das **16. Buch** enthielt alles über unser Kämmereidorf Staaken – die Häuser, die Holzernte, die Schäferei und andere wertvolle Güter, die das Rückgrat unserer Gemeinschaft bilden. In jedem Einzelnen dieser Berichte lebte die Geschichte von uns allen weiter."

„Doch das Schicksal wollte nicht ruhen", sagte er und sah in die Runde. „Im Jahr **1745**, nach einem verheerenden Gewitter, erlitt der Meier von Staaken durch einen Blitz- und Donnerschlag schweren Schaden. Gott sei Dank konnte der Brand durch den Regen gelöscht werden, jedoch geriet die Pfarrkirche durch den Kirchturmbau in Schwierigkeiten. Die Kirchturmbauer wurden als Schuldige erkannt. Die notwendige Reparatur kostete die Kirche 319 Taler 3 Groschen. Zusätzlich wurde fünf weiteren geschädigten Kämmerei-Pächtern die Pacht für ein halbes Jahr erlassen – eine bemerkenswerte Geste der Solidarität in Zeiten der Not."

Die Gläubigen nickten zustimmend, als Diakon Fiedler dies erzählte. „Doch es war nicht nur der Alltag, der uns herausforderte. **1745** machte der Schatten eines bevorstehenden Krieges die Runde über unsere Stadt. Eine Anordnung forderte die Bürger von Spandow auf, sich für die Verteidigung zu rüsten. Waffen wurden verteilt, und Kanonen wurden auf den Wällen positioniert, während Palisaden und Pechstangen in den Weinbergen errichtet wurden. Der Bürgermeister und seine Ratsherren befehligten die Bürgertruppen in den Stadtteilen, und so wurden 500 Bürger mobilisiert, um ihre Heimat zu schützen. Wenn in Spandow etwas geschah, war das auch für die Staakener immer Warnzeichen."

Die Zuhörer hörten gebannt zu, als der Diakon diesen schweren Abschnitt der Geschichte schilderte.

„Zwischen Sorgen und Ängsten war die Bürgerschaft entschlossen, zu widerstehen. Am 24. Oktober rückte das Prinz von Preußen-Regiment in Staaken ein und wurde wohlwollend empfangen. Doch am 12. November mussten sie wieder abziehen, und die Furcht breitete sich aus, als viele Berliner flüchteten, während die Feinde noch näher rückten."

Er pausierte, um den Moment der Reflexion zuzulassen. „Wir erlebten, wie der Fürst von Dessau, Leipzig und Meißen nach einem schnellen Sieg über die Sachsen und Österreicher in Dresden die Friedensverhandlungen einleiten konnte. Am 25. Dezember wurde der Frieden zwischen den verfeindeten Parteien unterzeichnet. Dies war ein Lichtblick in dunklen Zeiten, eine Chance für den Neuanfang, die die Bürger von Staaken mit neuer Hoffnung erfüllte."

Diakon Fiedler ließ seine Worte nachhallen und sah in die Gesichter seiner Gemeinde. „Es sind nicht nur Geschichten von Herausforderungen, die uns definierten, sondern auch solche von unserem Zusammenhalt, was in unseren Herzen brennt. In jeder dieser schweren Prüfungen, die wir durchlebt haben, haben wir uns gegenseitig gestützt und uns zusammengefunden. Lasst uns weiterhin im Geiste dieser Vergangenheit leben – im Glauben an eine bessere Zukunft für unser Dorf."

Die Gemeinde erhob sich zum Gebet, und als sie hinaus in die frische Luft traten, spürten sie, dass die Geschichte von Staaken mehr war als nur ein chronologisches Aufzählen von Ereignissen. Sie war ein lebendiges Erbe, ein fortwährender Dialog zwischen Vergangenheit und Zukunft, ein Band, welches sie alle zusammenhielt. In diesem Geiste, geleitet von Diakon Fiedlers Erzählungen, trugen die Menschen nicht nur ihre Geschichten mit sich, sondern auch den Glauben, dass jede Herausforderung letztlich auch eine Gemeinschaft bilden kann, die stärker denn je ist.

Die Kraft der Gemeinschaft - Bewährungsproben

Am Sonntag nach der Sonntagsschule war die Kirche in Staaken von einem besonderen Licht durchflutet, als Diakon Fiedler erneut vor seiner Gemeinde stand. Sein Herz schlug im Einklang mit den vielen Geschichten, die darauf warteten, erzählt zu werden – Geschichten eines Dorfes, das unter den Stürmen der Zeit gestärkt und geformt wurde. Mit einem tiefen Atemzug begann er seine Erzählung.

„Geliebte Gemeinde, heute setze ich unsere Reise in der bewegten Geschichte von Staaken fort, und wir werden die Herausforderungen betrachten, die uns seit dem Jahr 1753 geprägt haben, sowie die Stärke, die in der Einheit unserer Gemeinschaft liegt."

„Im Jahr **1753** erhielten wir 15 neue Maulbeerbäume, die auf unserem Kirchhof gepflanzt wurden. Diese Bäume waren nicht nur Pflanzen; sie waren ein Symbol des Aufschwungs, ein wertvoller Beitrag für die Wirtschaft unseres Dorfes. Es war der Verkauf von Maulbeerblättern als Futter für die Seidenraupen, der uns bedeutende Einnahmen sicherte. Stellt euch vor, wie die Bäume im Sommer Schatten spenden und die Hoffnung auf eine prosperierende Zukunft für unsere Gemeinde symbolisieren."

Er bemerkte, wie sich die Gesichter seiner Zuhörer aufhellten. Das Bild der Maulbeerbäume, stark und fruchtbar, war ein vertrautes Gefühl von Verheißung.

„Zwei Jahre später, **1757**, bekamen wir erneut 15 Maulbeerbäume, die der Küster zu pflegen hatte. Es schien, als wollte die Vorsehung uns zur Umsicht ermutigen. Doch nach diesen Tagen überkam uns die Angst: In der Nacht des 16. November **1760** drangen russische und österreichische Truppen in Berlin ein. Die Schrecken des Krieges hatten uns wieder erreicht. Die Einwohner von Plahn und Stresow flohen mit ihrem Vieh und ihren wenigen Habseligkeiten in die Stadt. Die Unsicherheit und die Angst ließen niemanden ruhig sein, und unsere Kirche blieb für viele ein Ort des Schutzes."

Die Stille der Kirche vertiefte sich, als Fiedler von der Zerstörung berichtete. „Die Soldaten durchstreiften die Straßen Berlins, schossen auf die Friedrichstadt, zogen durch Charlottenburg, dann durch die Krummen Gärten und zerschlugen alles, was ihnen in den Weg kam. Bäume wurden in Pichelsdorf und auch bei uns entwurzelt, Zäune niedergerissen, und viele Häuser in Brand gesetzt. Doch während im Dorf das Chaos tobte, blieb es in der Stadt Spandow innerhalb der Stadtmauern ruhig – in der Furcht erstarrt wagte niemand, das Haus zu verlassen, selbst nicht für eine Beichte."

Die Erinnerungen an diese grauenhaften Tage waren noch frisch im Kollektivgedächtnis, und seine Gemeinde war gleichsam betroffen wie vereint. „Am nächsten Tag fanden die Diakone in den Straßen unserer Stadt Spandow viele verwundete Soldaten, darunter auch Russen. Die Festung hatte während des Bombardements viele Tote zu beklagen, und von der Stadt fehlte jegliche Unterstützung. Das führte dazu, dass wir nicht einmal unsere Verletzten ordnungsgemäß versorgen konnten. Dennoch war in der Festung genug Bier, Branntwein und Medizin, was die Prediger holen konnten, um den Verwundeten zu helfen.

„Wie in einem grausamen Spiel warteten sie eine Nacht, um selbst vom Bombardement verschont zu bleiben. Doch die Russen flüchteten nach Frankfurt (Oder) und ließen eine Spur der

Verwüstung zurück. In dieser Zeit sind viele der Staakener mit ihrem Vieh in den Wald geflohen, sodass mein Vorgänger am 19. Sonntag nach Trinitatis **1760** nicht mehr predigen konnte. Der Glaube war zwar stark, aber die Angst hatte Staaken in ihren Klauen."

Er machte eine Pause, um den Schmerz in der Stille seiner Gemeinde zu spüren. „Nach diesen ungewissen Tagen brach ein Viehsterben über Staaken herein, was unsere Verzweiflung noch verstärkte und die Gottesdienste erneut mager machte. Zu diesen bangen Zeiten, doch als beunruhigende Erinnerungen an die Kriege, mussten wir auch mit den Folgen der Katastrophen leben; der neue Kossätenhof in Staaken kostete **1769** der Kämmerei 386 Taler 9 Groschen – eine gewaltige Summe, die weiterhin die Wunden unserer Gemeinschaft belastete, aber immerhin gaben uns die Spandower das Geld."

Diakon Fiedler spürte das Miteinander in seinen Zuhörern und fuhr fort: „Im Jahr **1770** mussten die Menschen von Staaken für Reparaturen an der Dorfkirche 127 Taler von der Moritzkirche ausleihen. Jeder von uns kann sich vorstellen, wie es ist, um Hilfe zu bitten, wenn man in Not ist, und dennoch gingen wir zusammen in die Kirche, um stille Gebete zu empfangen, in der Hoffnung, dass der Himmel uns rechtzeitig hören würde."

Und so führte er die Gemeinde durch weitere wichtige Momente. „Am 2. Februar **1772** starb unser geliebter **Archidiakon Mendius** an maligneusen Fieber und wurde am 4. Februar in der Nikolaikirche ehrfurchtsvoll beigesetzt. Diakon D. Schulze hielt die Trauerrede, aber auch der Inspektor Freyer hielt eine Leichenrede, sodass der Verlust für uns alle spürbar wurde. Ich erinnere mich an die Tränen und die Erleichterung, die uns für einen Moment die Angst vor dem Unbekannten nehmen konnten.“

„Im Jahr **1773** wurde der Köhlersche Kossätenhof in Staaken von Meister Barnick für 642 Taler 16 Groschen erbaut. Es war ein Zeichen des Fortschritts in unserer Gemeinde – gebaut aus der Kraft der Männer und Frauen, die sich zusammentaten, um unser Zuhause vor den Stürmen der Zeit zu bewahren. Als es darum ging, unserem Dorf einen neuen Glanz zu verleihen, blühte das Leben in Staaken auf, und unser Glaube wurde zur festen Basis.“

Fiedler wollte die Hoffnung in das Herz der Menschen einpflanzen, darum erzählte er: „**1774** wurde die Plahnsche **Kirchenmeierei** für 166 Taler verpachtet. Auch neue **Brunnen** wurden in Staaken gegraben, um frisches Wasser zu liefern, mit einem großen Brunnen, der **1780** für 66 Taler ausgegraben wurde und für das Wohl unserer Einwohner sorgte. Solche Maßnahmen zeugen von der

Beharrlichkeit, uns trotz der Widrigkeiten um ein besseres Leben zu bemühen."

„Doch in diesen ständigen Herausforderungen gibt es auch Siege, die wir niemals vergessen dürfen. **1782** verlor der Magistrat von Spandow einen **Prozess** gegen uns wegen der blachen Heide, und das gab der gesamten Gemeinschaft Mut. Es war nicht nur eine Anklage; es war ein Zeichen dafür, dass wir nicht scheuten, unser Rechte zu erkämpfen. Sie wurden zu 23 Talern 6 Groschen Rückzahlung verurteilt."

Diakon Fiedler schaute in die abgearbeiteten Gesichter und spürte, wie sie in die Geschichte eintauchten, verknüpft durch das Schicksal und die gemeinsame Stärke. „Was diese Geschichten uns lehren, ist, dass wir nicht allein sind. In schweren Zeiten ist der Kollektivgeist unseres Dorfes niemandem fremd. Der Glaube, den wir zueinander haben, und die Unterstützung, die wir einander gaben, sind durch alle Widrigkeiten, die wir erlitten, bewahrt geblieben."

Er beendete seine Ansprache mit einem eindringlichen Appell: „Lasst uns stolz auf unser Erbe sein, während wir vorankommen. In jeder Herausforderung, die wir meistern, steckt das Versprechen einer besseren Zukunft. Lasst uns für unsere Gemeinschaft einstehen, die Bande des Glaubens festigen und als starke Familie in den kommenden Tagen wirken.“

Die Gemeinde erhob sich zum Gebet, erfüllt von neuem Sinn und den Geschichten, die durch die Zeit wie ein mühsam gewobenes Werk dargeboten wurden. Diakon Fiedler wusste, dass die Stimmen der Vergangenheit über die Zeit hinweg immer noch eine Kraft ausstrahlten, die jede Seele in Staaken verband und sie ermutigte, trotz der Widrigkeiten, die die Geschichte geworfen hatte, weiterhin im Licht des Glaubens und der Hoffnung zu leben.

Frost und Belagerung

Am kommenden Sonntag stand Diakon Fiedler bereit, um mit seiner Gemeinde erneut die Schätze ihrer gemeinsamen Vergangenheit zu heben. Ein Hauch von Aufregung lag in der Luft, als Fiedler, inspiriert von den jüngsten Geschichten, seine Gemeinde auf die Reise durch die Jahre **1782** und darüber hinaus mitnahm.

„Geliebte Gemeinde, heute werfen wir einen Blick auf die Herausforderungen und Triumphe, die uns in den letzten Jahrzehnten begegnet sind. Wir beginnen im Jahr **1782**, als die Frostschäden unsere Ernten und unseren Lebensunterhalt heimsuchten. Die Wälder blieben kahl und weniger Holz wurde geliefert, was die Menschen in Staaken vor beträchtliche Schwierigkeiten stellte. Diese Naturgewalten erforderten unser tiefstes Verständnis und unsere gegenseitige Unterstützung. In Zeiten der Not sind wir doch umso mehr gefordert."

Er blickte auf die Gesichter seiner Zuhörer, die in den Erinnerungen schwelgten und die Schwere der Ernteausfälle fühlten. „**1783** begannen die Herausforderungen für unser Dorf weiter zuzunehmen. So übernahm der Rat zu Spandow die Schulreparaturen, 25 Taler, 6 Groschen und 4 Pfennige. Es war eine große Summe für uns, gut, dass man uns in Spandow half.

Diakon Fiedler fuhr fort: „In diesem Jahr musste die Kämmerei Spandows auch für die Kosten des Prozesses und die Fuhrkosten unserer Prediger aufbringen, die 40 Taler kosten sollten. Ebenso hatten sie die Reparaturen am Schönwalder Damm, die uns 45 Taler 15 Groschen kosteten. An den Orten wie dem Oranienburger Tor und den dazugehörigen Brücken wurde ihnen klar, wie wichtig unsere Infrastruktur ist; die Brücke am Oranienburger Tor kostete uns 51 Taler 6 Pfennige und die an der Stresower Straße sogar 86 Taler 3 Groschen. Dennoch blieb der Glaube und Wille stark solchen Schwierigkeiten trotzen zu können."

Ein kleiner Schauer lief durch die Gemeinde, als sie die Summen und Aufwendungen hörten, die notwendig waren, um die Gemeinschaft zusammenzuhalten. „Da gab es auch den Pächter Finck, der eine Remission von 300 Talern erhielt, weil er durch Frostschäden an seinem Winter- und Sommergetreide schwer betroffen war. Hier erkennen wir die Bitterkeit und die Sorgen, die die Menschen durchlebten, während sie versuchten, ihren Lebensunterhalt zu sichern.“

Fiedler hielt einen Moment inne, um einen Blick auf die versammelte Gemeinde zu werfen. „Aber gerade in der Finsternis sieht man das Licht. 1783 wurde das Bellinsche Kossätenhaus und die Scheune repariert, was uns 26 Taler und 6 Groschen kostete. Gleichzeitig wurde ein neuer Stall beim Hirtenhaus für 32 Taler gebaut. Diese Anstrengungen zeigt, wie es uns gelang, das Vermögen unserer Gemeinde zusammenzuhalten. Zudem erhielten fünf verarmte Staakener Kossäten von der Kämmerei 83 Taler 9 Groschen für die Aushilfsdienste, die sie zur Unterstützung ihrer Nachbarn verrichteten.“

Fiedler lächelte in die Runde. „Am 15. Februar **1785** wurde den Bauern Doering und Rebbiz aus dem Kämmereidorf Staaken ein Betrag von 100 Talern zum Ausbau ihrer Scheunen zur Verfügung gestellt. Es war eine gemeinsame Mühe, die den Staakenern half, ihre Existenz zu sichern, ein Beispiel für den unermüdlichen Gemeinschaftsgeist.“

„Im Jahr **1790**, als unser Dorf auf 208 Seelen angewachsen war, wurden die Schulgebühren pro Kind festgelegt: 6 Pfennig wöchentlich für das Lesen, 1 Groschen für Schreiben und Rechnen sowie jährlich ½ Fuder Holz. Der Küster und Lehrer verdienten so ihren einen Taler für das Tragen des Klingelbeutels und das Schmieren der Uhren. Jede Gebühr, die unsere Fleißigen aufbrachten, trug dazu bei, die Bildung unserer Kinder sicherzustellen und die Dorfgemeinschaft zu fördern."

Kap.10 – Staaken am Beginn des 19. Jh.

Mit einem nachdenklichen Blick ergänzte Fiedler: „Im Jahr **1800** fand in Spandow eine Armenspeisung zur Feier des neuen Jahrhunderts statt, was einmal mehr die Bedeutung der Fürsorge und des Mitgefühls zeigt, die stets unser Herz in Staaken begleitete. In diesem Jahr hatten wir 59 Bauernhöfe, drei Lehnshöfe und 29 Feuerstellen. Und doch liegen die Schatten der Kriege immer noch auf uns; die Übergabe der Festung am 25. Oktober **1806** an die napoleonischen Truppen veränderte vieles, auch den Verlauf unseres Lebens hier in Staaken. Diese Truppen besetzten nicht nur unsere Häuser, sondern nutzen sogar die Dorfkirche als Stall und Lagerraum. Welch ein schändliches Benehmen. Da sieht man, wie Kriege die Menschen verrohen lassen."

Die Steigerung der Geschehnisse packte die Zuhörer. „Am 22. August **1809** führte ich die **Bestandsaufnahme** der wertvollen Silbergeräte in der Dorfkirche durch: einen Kelch, eine Patene, beide vergoldet, und eine Oblaten-Kapsel. Diese Schätze, die unser Glaubensleben repräsentieren, halfen uns, den Glauben in schwierigen Zeiten aufrechtzuerhalten."

Er sah, wie seine Gemeinde aufmerksamer wurde, als er von den schweren Verletzungen und dem Chaos sprach. „Während der Belagerung der Festung Spandow im Jahre **1813**, als die preußische Kavallerie in Staaken und den umliegenden Dörfern stationiert war, litten wir unter vielen Demütigungen. Vom 17. bis 20. April kam es zu einem verheerenden Bombardement auf die Festung, das Schrecken auch über uns brachte. Aber am 27. April kam der Abzug der Franzosen, was uns einen Hauch von Freiheit fühlen ließ."

Zehn Jahre später:
Wie einst als Diakon beschloss, Oberpfarrer Fiedler in Staaken die Einweihung der Orgel zu übernehmen. Nach dem Zeremoniell wählte er das Vorgehen wie einst nach der Sonntagsschule. Viele erinnerten sich noch und kamen. So sprach, nachdem er an manche Ereignisse erinnerte …

„… Dann wurde ich Archidiakon, wir sahen uns kaum noch, ja sogar Oberpfarrer."

„Am 25. Juli **1819** feierten wir also die Einweihung der Orgel und des Altars in unserer geliebten Kirche zu Staaken. Diese Orgel wurde von unserem Schulzen des Dorfes, Johann Döring, finanziert, und wir erhielten auch ein Beitrag seitens der Gemeinde sowie des Spandower Magistrats. Inmitten all dieser Schwierigkeiten und Widerstände gab es eben nicht nur Dunkelheit; es gibt doch immer noch den Wandel und die Hoffnung, die in unserer Gemeinschaft weiterleuchtet."

Fiedler schloss seine Ansprache mit einem feurigen Aufruf: „Lasst uns aus den Geschichten lernen, die uns die Schritte der Vergangenheit lehrten. Wir leben von den Erfahrungen unserer Vorfahren, und jede Herausforderung, die sie überwunden haben, zeigt uns, dass wir auch heute, als Gemeinschaft, gemeinsam weitergehen können. Halten wir den Glauben an unsere Zukunft stark, denn die Geschichten, die wir gemeinsam schreiben, fügen sich zu einem ewigen Bild von Glauben und Hoffnung."

Die Gläubigen erhoben sich in einem Moment der Dankbarkeit, ihre Herzen erfüllt von Mut und dem Entschluss, die Werte ihrer Vorfahren fortzuführen. So gingen sie hinaus, bereit, eine neue Zeit in Staaken zu begrüßen, fest in dem Glauben verankert, dass die Bande der Gemeinschaft und des Glaubens sie immer leiten würden.

Teil IV

Karl Schulz, erster Lehrer Staakens erzählt die Geschichte des Dorfes

Karl Schulz hatte all die Jahre von den Bemühungen der früheren Lehrer, den Prediger Wendt, Andreas Brunsicke und Diakon Fiedler, den Menschen in Staaken durch das Erzählen der reichen Gesichte des Dorfes den Menschen ihre Heimat näherzubringen. Als er **1860** seinen Dienst begann, war er der einzige Lehrer für ca. 80 Schüler, am Ende seiner Dienstzeit **1899** hatte er schon drei Kollegen und es gab 325 Kinder. Irgendwie hatte er aber immer genug zu tun. Dennoch fragte er Pfr. Pfautsch, der ihm gern die Kirche für seine Dorfgeschichten überließ.

Kap.11 – Staaken im 19. Jh.

So begann er mit einigen Erinnerungen traditionsgemäß am Sonntagnachmittag … und es kamen erfreulich viele. Nach einigen alten Geschichten begann er mit seinem eigentlichen Vortrag:

„In einem kleinen, stillen Winkel des märkischen Landes lag das Kämmereidorf Staaken, ein Ort, der zu Beginn des 19. Jahrhunderts von der Geschichte geformt wurde. Es war das Jahr **1823**, als neue Grenzen gezogen wurden. Die gutsherrlichen Rechte blieben bei der Stadt Spandow, aber die Staakener durften eigenen Boden kultivieren. Auf dem neu zugewiesenen Feld, umrandet von schlichten Baumreihen, begannen die ersten Familien, ihre Gehöfte zu errichten. Neu-Staaken schloss sich wie ein Gürtel um das alte Dorf, und der Magistrat, stets bedacht auf die Flure und Felder, öffnete die Pforten zur Erbpacht, was dem Ort neuen Atem und eine Zukunft schenkte. Der Friedhof blieb vor dem Dorf und der große Sandweg, der Magistratsweg, bildete die Grenze zwischen Spandow und Staaken.

Es waren goldene Zeiten. Der Chausseebau, der **1828** den Weg nach Hamburg bahnte, ließ die Menschen durch diese ländliche Idylle pilgern, denn die Straße nach Hamburg war zugleich die Hauptstraße des Dorfes. Die sanften Wiesen blieben vorläufig unberührt. An der Weggabelung, wo der Magistratsweg die Grenze zwischen Spandow und Staaken bildete, spielten die Kinder der neuen Generation, fröhlich und unbeschwert, diverse Geschichten von Ritterkämpfen und feenhaften Wesen.

Ludwig Klitzing erhielt damals die Erbpacht über einige Felder und schuf das ‚**Klitzing Vorwerk**‘, und begann so die Zukunft seines kleinen Vorwerkes zu gestalten.

Im Jahr **1830** erstrahlte das **Schulhaus** in neuem Glanz, ein Ort des Wissens und der Träume, in dem er, Lehrer Karl Schulz, den Geist der Staakener Kinder entfachte. Der gepflasterte Weg zwischen Schule und Kirche wurde die Kinderfüße zu neuem Leben erweckt. Es war eine Zeit, in der die Zahlen des Lebens sich im Lärmen und Lachen vermischten; fast 80 schulpflichtige Kinder, die mit wissbegierigen Augen dem Lehrer folgten. Die Knaben und Mädchen brachten ihre Welt in die Stunden und sorgten so für ein Mosaik des unbeschwerten Lebens.

Doch das Schicksal von Staaken war nicht immer sanft. Die Jahre brachte Wetterschäden und die Schatten früherer Kriege – die napoleonischen Zeiten hingen wie schwere Wolken über den Feldern. In den Wänden der Dorfkirche, die sie auf kühne Weise renovierten, hallte das Flüstern der Geschichte wider. Der Turm wurde gestärkt, und ein klassizistischer Taufstein wurde in seiner Form als Dreifuß eingegliedert, um das Licht auf die Kinder dieser Erde zu lenken.

Der Metallglanz und das stählerne Rauschen der Pulverfabrik, die **1832** aus der Erde wuchs, waren Begleiter von Träumen und Sorgen. Der Industriestandort Spandow begann zu blühen und mit ihm auch Staaken. Der Klang von Maschinen und das geschäftige Treiben wies darauf hin, dass das ländliche Leben von einem neuen Puls ergriffen wurde. Ludwig Klitzing erlebte, wie sein Vorwerk Teil dieser pulsierenden Welt wurde.

Mit der Zeit, als Schulz seiner Pensionierung entgegenblickte, nahm er sich vor, die Geschichte seiner Heimat zu erzählen – ein Erbe, das er hinterlassen wollte. Als Nachfolger von Prediger Wendt, Andreas Brunsicke und Diakon Fiedler erzählte er die alten Geschichten, sie sammelten Erinnerungen und schufen ein Buch, in dem die Herzen der Staakener lebendig werden sollten, ein Zeugnis für kommende Generationen.

So wuchs Staaken, aus der ländlichen Stille in eine Industriegegend, und die Menschen hielten daran fest – an den Gewohnheiten, an den alten Traditionen, die die Wurzeln des Dorfes in die Erde gruben. Sie lebten in der Hoffnung, dass, so wie die Sonne stets über den Feldern aufging, auch ihre Geschichten nie enden würden.

Und so war Staaken nicht nur ein Ort auf der Landkarte, sondern das Herzstück einer Gemeinschaft, die zusammenhielt, wuchs und erzählte. Ein Platz, wo Vergangenheit und Zukunft sanft in einem harmonischen Einklang verweilten; das echte Herz von Staaken.

In Bereich außerhalb von Spandow konnte man **1855** die Post einmal täglich bestellen', so in Bocksfelde, Pichelsdorf, Carolinenhöhe, Chausseehaus bei Ruhl, Dallgow, Dammsbrück, Döberitz, Eiswerden, Falkenhagen, Finkenkrug, Freesesche Besitz, Gatow, Gewehrplan, Grünheide, Hakenfelde, Haselhorst, Königsdamm, Krumme Gärten, Krumme Lanke, Maselake, Mühlen bei Spandow, Otternbucht, Paulstern, Am Postfenn, Pichelsberg, Pichelswerden, Plötzensee, Pulverfabrik, Reinickens Etablissement, Rohrbeck, Ruhleben, Saatwinkel, Salzhof–Niederlug, Salzmagazin, Scharfe Lanke, Schildhorn, Schönwalde, Schwanenkrug, Seeburg / Neu Seeburg, Seegefeld, Spandower Etablissement, Spandower Berg, Spandower Spitze, **Staaken / Neu-Staaken**, Tiefwerder, Valentinswerder, Voigt-Stelle, Wansdorf, Weinberge. Das war damals eine Sensation.

Die Geschichte des Amalienhofs

Am frühen Sonntagmorgen, als die ersten Sonnenstrahlen zart durch die Fenster des kleinen Schulhauses von Staaken schienen, bereitete sich Karl Schulz auf seine Lesestunde vor. Der Lehrer war nunmehr seit 1867 in diesem beschaulichen Dorf und hatte es in diese Zeit lebendig und farbenfroh gemacht. Heute wollte er den Menschen wieder die Geschichte ihres Heimatortes Staaken erzählen.

Die Menschen versammelten sich schnell im Kirchsaal, ein paar vergnügte und neugierige Gesichter sahen ihn voller Aufregung an. Die Bänke waren abgewetzt, Zeichen der unzähligen Predigten, die in diesem Raum bereits erzählt worden waren. Karl Schulz, der nicht nur Lehrer, sondern auch Organist der Gemeinde war, trat an die Kannzel, die schüchternen Worte „Die Geschichte Staakens" umrahmten den Kreideauftrag einer kleinen tragbaren Tafel, die vor dem Altar stand.

„Heute", begann er mit seiner warmen, beruhigenden Stimme, „werde ich euch von der Entwicklung unseres schönen Staaken erzählen, das so viele Lebensgeschichten in sich birgt."

Er sprach von den bescheidenen Anfängen des Dorfes und nannte die Daten und Orte, die über die Jahre die Identität Staakens geprägt hatten. Die Menschen hörten gebannt zu, als er erzählte, dass das Dorf im Jahr **1860** bereits über 6 öffentliche Gebäude, 44 Wohnhäuser und 77 Wirtschaftsgebäude verfügte. „Kanntet ihr die alten Mühlen, unsere Getreide- und Ölmühlen?", fragte er und sah in die erwartungsvollen Gesichter. Schnell wuchs ihre Neugier.

„Das Land, über das ihr tagtäglich geht, ist von den ersten mutigen Bauern bestellt worden, die sich hier niederließen. Die Windmühle dort drüben hat viele Stürme überstanden und steht als stolzes Zeichen unserer Vergangenheit", fügte er hinzu und wies zum Fenster, das den Ausblick auf die sanften Hügel bot.

Die Erzählung führte ihn zur Gutssiedlung „Klitzings Vorwerk", die im Jahr **1860** den Namen

„Amalienhof" erhielt, benannt nach der Frau des Amtmannes. „Könnt ihr euch vorstellen, welche Bedeutung diese Namensgebung hatte? Es war die Zeit der Wandlungen und Veränderungen; Frauen wie Amalie trugen unsere Geschichten weiter.", erklärte Schulz, und stellte fest, wie die Zuhörenden sichtlich beeindruckt waren.

„Wie viele von euch haben schon die großen Glocken in der Kirche gesehen?", fragte er, und ein paar Hände schossen in die Höhe. „Im Jahr **1869** wurden sie dort eingehängt - drei wunderschöne Glocken, schwer und majestätisch. Stellt euch vor, wie sie die Luft mit ihrem Klang erfüllten und all die Jahre das gesamte Dorf zusammengerufen haben!"

Schulz sprach von den in der Erde verwurzelten Traditionen, über den Friedhof, der **1874** am Hahneberg angelegt wurde. „Ein Ort, an dem wir unsere Lieben ehren, ein Zeichen für die Hoffnung auf das Leben nach dem Tod", erklärte er mit einem respektvollen Tonfall. Die Menschen schauten ernst, verstanden, dass auch das Sterben zur Geschichte eines Ortes gehörte.

Sein Vortrag ging weiter zu dem Jahr **1885**, als die Zahl der Einwohner auf 1.033 gestiegen war. „Das Leben wuchs hier wie ein Baum und seine Wurzeln greifen immer tiefer in die Erde – und wie viele von euch wissen, hat unser Dorf auch einen Frauen- und Männergesangsverein hat. Er wurde **1887** gegründet, um die Stimmen unserer Gemeinschaft zu vereinen, und heißt verdienterweise ‚*Kornblume*'!" Die Zuhörer lächelten, einige summten melodisch die Lieder, die sie gehört hatten. So lockte der Lehrer sie zur Mitwirkung.

„Doch eine Geschichte ohne Zukunft kann nicht gedeihen!" stellte Schulz fest, als er über den neuen Schlachthof an der Staakener Straße sprach, der die Geschäfte des Dorfes belebte, und die Eröffnung der ersten Postagentur im Jahr **1896**. „Die Boten, die zu Fuß nach Spandau liefen, waren unsere vitale Verbindung zur Außenwelt. Und in der heutigen Zeit, da sich das Dorf zu entwickeln scheint, liegt es an euch, die jungen Menschen unter uns, diese Geschichte am Leben zu halten!"

Der Raum war still. Alle blickten ihren Lehrer mit großen Augen an und versuchten, die Fäden der Vergangenheit zu weben, die ihre Gegenwart und Zukunft zusammenhielten. Karl Schulz sah lächelnd in ihre Gesichter. Fast alle kannte er schon von Kindheit an. „Ihr seid die Hüter dieser Geschichte!", rief er schließlich. „Tragt sie weiter, singt, wenn ihr dazu aufgerufen werdet, und erzählt sie euren eigenen Kindern. Staaken wird weiterwachsen und sich verändern, aber ihr seid ein Teil dieser Reise. Macht es zu einem lebendigen Ort der Geschichten!"

Mit einem letzten Blick aus dem Fenster, in der die hohen Trauerweiden wie Wächter des Dorfes prangten, schloss er seine Erzählung. Die Zuhörenden applaudierten, ihre Begeisterung war spürbar - sie hatten nicht nur die Geschichte Staakens gehört, sondern erfuhren auch um ihre Verantwortung und ihre Rolle in diesem fortwährenden Abenteuer.

Die Geschichten des Lehrers Schulz

Es war ein goldener Nachmittag im späten Sommer 1901, als Lehrer Karl Schulz in seinem kleinen Garten vor dem knarrenden alten Holzhaus saß. Das dörfliche Treiben um ihn herum war leise, der Duft von frisch gebackenem Brot zog aus der nahen Bäckerei herüber. Mit dem Geplätscher der nahegelegenen Havel im Ohr erinnerte sich der ehemalige Lehrer an die vielen Jahre, die er in Staaken verbracht hatte.

Seit seiner Pensionierung vor zwei Jahren hatte er sich der Aufgabe verschrieben, die Geschichte seines geliebten Dorfes, die er durch seine Lehrtätigkeit so lebendig gehalten hatte, zu erzählen und mit allen Generationen zu teilen. Er hatte jede einzelne Entwicklung verfolgt, die Staaken geprägt hatte – die Erzählungen und das Wissen über sein Heimatdorf waren nun ein Teil seines Lebens. Und so kam es, dass er sich an diesem Nachmittag wieder vor die Menschen stellte, die sich in der

Kirche versammelt hatten, voller Erwartung und Neugier.

„Ich möchte euch Geschichten aus Staakens Vergangenheit erzählen – Geschichten, die euch mit euren Wurzeln verbinden." Die Menschen setzten sich in die Kirchenbänke, und der Lehrer begann mit seiner Erzählung.

„Im Jahr 1896 wurden drei beeindruckende Holzskulpturen aus unserer Dorfkirche ins Märkische Museum gebracht. Maria auf der Mondsichel, Maria Magdalena und zwei bärtige Männer – sie waren einst ein Teil unseres Altarschreins!", erzählte er mit glühender Begeisterung in der Stimme. „Kaum jemand weiß, woher sie kamen, aber sie waren wahrscheinlich Stiftungen von Dorfältesten, die unsere spirituelle Verbindung festigen wollten."

Die Menschen sahen ihn mit großen Augen an und fragten sich, welche Geschichten vielleicht in den alten Holzfiguren verborgen lagen. Krüger lächelte und fuhr fort. „Im Jahr darauf, **1897**, wurde hier in Staaken der Telegraf eingerichtet. Stellt euch das vor, eine Nachrichtenübertragung in Lichtgeschwindigkeit für unsere kleine Gemeinde! Es war ein großer Fortschritt – und doch blieben wir mit den alten Traditionen verwurzelt."

„Und **1898**, wisst ihr, wurde ein zweites Schulhaus eingeweiht. Der Bauherr war ein Maurermeister, der auch Vorsitzender des Verschönerungsvereins war", fügte er hinzu, während er an die klaren Linien und die hohen Fenster dieses neuen Gebäudes dachte, das nun immer noch stolz im Dorf stand. „Das war der Ort, wo viele von euch empfangen wurden, um das Lernen zu entdecken."

„Die Lehrer hatten es in dieser Zeit oft nicht leicht", setzte er fort, als er sich an seinen Vorgänger, Lehrer Mehldau, erinnerte. „Er trat 1899 sein Amt an und hinterließ uns all die Jahre eine Chronik der Staakener Schule."

(1929 verstarb er, und mit ihm verschwand ein großes Wissen aus unserem Dorf.)

„Er blickte in die Runde und sah, dass die Menschen, die ihn umringten, schon fast mit ihm mitfühlten.

Einige von ihnen waren neugierig, „Was ist mit der Straßenbahn, Lehrer Krüger?" – und er nickte zustimmend. „Ah, die Straßenbahn, eine große Idee! AEG plante **1889** eine **Straßenbahn** nach Staaken über Dallgow und Döberitz. Es war ein recht mutiger Plan, aber am Ende stellte sich heraus, dass es für die 220 Pendler, die täglich nach Spandau oder Berlin fuhren, einfach zu unrentabel war."

„Aber dann, im Jahr **1900**, ist unser **Bahnhof** eröffnet worden!", rief Krüger mit einem Hauch von Stolz. „Nach 29 Jahren hielten endlich die Züge hier in Staaken. Die Menschen konnten schnell nach Berlin reisen, und unser Dorf begann, sich zu verändern. Die Luft war erfüllt von Neubauten und industriellem Pulsieren. Ich erinnere mich an das aufregende Gefühl, als der erste Zug einfuhr!"

Die Menschen hörten aufmerksam zu, eingehüllt in die Magie der Vergangenheit, als Krüger fortfuhr: „**1900** gab es bereits 145 Häuser, und 2400 Seelen lebten hier, aber wir hatten immer noch nur zwei Hauptstraßen: die Hamburger Chaussee und die Hauptstraße."

Die Neugier der Zuhörer wuchs, und das Geschichtenerzählen des Lehrers nahm sie in seine Arme und trug sie in die Zeit von **1901**, als die Neue Straße angelegt wurde – der Ort, wo Neu-Staaken lag. „Dort sind seit 1837 Wohnungen entstanden, die bereit waren, Menschen ein Zuhause zu geben!"

Die Leute waren ganz in den Bann der Erzählungen gezogen. Sie lauschten, so aufmerksam wie ein Schwarm Schmetterlinge, gesammelt um den Erzähler der Dorfgeschichte. „Und schließlich, am 12. Juni **1901**, gelang unser Ort zu einer bedeutenden Errungenschaft: Wir wurden unabhängig von der Nikolaikirche in Spandau!", erklärte Krüger mit einem glühenden Lächeln.

„Lasst euch sagen, meine Lieben, die Geschichten unserer Vorfahren sind wie Wurzeln, die uns die Kraft geben, die wir zum Wachsen brauchen, und mit jedem Tag, den ihr lebt, fügt ihr eurer eigenen Geschichte etwas hinzu. Ihr seid die nächsten Hüter des Wissens!“

Er sah in die Gesichter der Anwesenden, die nun leuchteten vor inspirierter Neugier und Entschlossenheit. Sie hatten nicht nur die Geschichten des Dorfes gehört, sondern auch eine Verbindung zu ihrem eigenen Erbe geschmiedet.

Die Sonne neigte sich langsam in den Abendhimmel, als Krüger ihnen anbot, jedes Mal, wenn sie ihn besuchen wollten, einer weiteren Geschichte ihrer Heimat zuzuhören. Diese Tradition des Erzählens würde nie enden, denn so lange es Menschen gab, die bereit waren zuzuhören, lebten die Geschichten weiter – im Herzen von Staaken und dem Lehrer, der sich ihr treu getragen hatte.

Der Wendepunkt in Staaken

Es war ein Sonntag im Oktober 1902 in Staaken, der Himmel hüllte das Dorf in ein melancholisches Blau, während die Blätter der alten Bäume in sanften goldenen Tönen flüsterten. Die Kirchturmuhr schlug drei Uhr, und Pfarrer Pfautsch schaute auf das versammelte Publikum.

Pfarrer Pfautsch stand hier, weil er den alten Lehrer Karl Schulz zu Grabe getragen hatte. Die meisten waren auch bei der Bestattung zugegen, aber irgendwie gehörte es zu ihr Art des Trauerns und Gedenkens. Nun waren viele wieder da. Die Bänke der Dorfkirche waren gut gefüllt mit den Dorfbewohnern, die an diesem Nachmittag nicht nur zum Gottesdienst, sondern auch, um einen letzten Abschied von Karl Schulz, dem verehrten Lehrer des Dorfes, zu nehmen.

Heute war es also Pfarrer Pfautsch, der die Kanzel bestieg, und die Trauer war greifbar. Er hatte Schulz über viele Jahre gekannt, war oft Zeuge seiner unermüdlichen Leidenschaft gewesen, die Herzen und Köpfe der Staakener mit Wissen und Traditionen zu erhellen. Plötzlich stand vor ihm eine Gemeinde von Trauernden, die den Verlust nicht nur eines Lehrers, sondern auch eines Freundes und Geschichtswahrers verarbeitete.

„Liebe Gemeinde," begann Pfarrer Pfautsch, seine Stimme warm und mitfühlend. „Wir haben uns heute versammelt, um den Mann zu ehren, der nicht nur als Lehrer, sondern auch als Geschichtenerzähler und Hüter unserer Erinnerungen bekannt war. Karl Schulz war das Herzstück dieses Dorfes. Mit Worten malte er die Geschichten vergangener Zeiten und lehrte uns, unsere Wurzeln zu schätzen."

Er machte eine kurze Pause, während das leise Schluchzen aus der Menge zu hören war. „In diesen liebevollen Erzählungen vermittelte er uns die Werte von Gemeinschaft und Zusammenhalt, die uns durch die Herausforderungen und Unsicherheiten des Lebens tragen sollten. Wegen meiner eigenen Spannungen, geprägt von diesen stürmischen Zeiten, wurde mir erst jetzt bewusst, was sein Verlust für uns bedeutet. Und doch, wenn wir hier zusammenkommen, wissen wir, dass die Erinnerungen an Karl Schulz nie ganz verschwinden werden."

Es war still, als der Pfarrer die jüngsten Ereignisse des Dorfes in den Focus nahm. Der Umbau der Heerstraße, die Schaffung neuer Wohnräume in der Gartenstadt – all diese Veränderungen hatten die Seele Staakens berührt. Der Frieden, den Schulz in den Schulstunden gesät hatte, war nun auf eine harte Probe gestellt. „Unsere Gemeinschaft hat sich verändert, und letztlich sind wir es, die diese Veränderungen mit Leben füllen müssen. Wie ich weiß, war Karl auch der festen Überzeugung, dass Wissen und Bildung das beste Mittel gegen das Unbekannte sind – das gilt in unserer Zeit mehr denn je."

„Lasst uns gleichwohl nicht vergessen, in welchem Geist wir stehen – nicht im Geist des Krieges oder des Unfriedens, sondern im Geist der Gemeinschaft, der Liebe und des Respekts. Ich rufe euch auf, die Traditionen lange lebendiger zu halten, wie Karl, euer Lehrer, es tat. Dies ist unser Erbe."

Er lächelte sanft in die versammelten Gesichter, und im dunklen Holz der Kirche schien ein kleiner Lichtschein der Hoffnung aufzublitzen, während dennoch die Traurigkeit über den Verlust eines geliebten Menschen schwebte.

„Wir alle haben eines gemeinsam", fuhr er mit fester Überzeugung fort, „wir haben diesen Ort, Staaken, in unseren Herzen. Und es liegt an uns, das glühende Feuer der Erzählungen, die Karl uns hinterlassen hat, am Leben zu halten. Seid es wert, diese Geschichten weiterzugeben. Lasst uns entwickeln, was auch immer es uns bringt, an den alten Traditionen festzuhalten."

Der Pfarrer sprach weiter über die Risiken und Errungenschaften, die ihre Gemeinde durchlebt hatte: die Veränderungen von der Kämmerei zur blühenden Gemeinde, die neue Schule, die Gartenstadt mit ihren Arbeitern, und nicht zu vergessen die tragischen Zeiten während des Kriegs. „Vor uns stehen viele Herausforderungen, doch gemeinsam werden wir sie bewältigen. In der Vergangenheit leuchtet der Weg in die Zukunft. Der Geist von Karl Schulz wird mit uns gehen, immerwährend und nie auslöschbar."

Der Pfarrer schloss seine Augen, atmete tief ein und ließ die Worte durch den Raum gleiten, während er die Dorfbewohner in eine stille Einheitsgebet führte. „Möge Karl Schulz in Frieden ruhen, und mögen wir als Gemeinschaft um ihn trauern und ihn ehren. Möge sein Erbe weiterleben!"

Pfarrer Pfautsch und das Erbe des Lehrers

Nachdem der Nachmittag in der Dorfkirche Staaken vergangen war und die Menschen die Worte des Pfarrers in ihren Herzen trugen, entschied sich Pfarrer Pfautsch, diesen besonderen Moment zu nutzen, um die Geschichte Staakens weiter zu erzählen. Die Gemeinde sah sichtlich dankbar auf, und er hatte das Gefühl, dass die Menschen um mehr und ja, um ein tieferes Verständnis ihres Dorfes rangen.

„Liebe Dorfbewohner," begann er, während er die Blicke aller Anwesenden einfing, „die Geschichte unserer Heimat ist reich an Wendepunkten und tiefen Lektionen. Lasst mich beginnen mit dem Jahr **1903**, als der Ausbau der Heerstraße an unserer Türschwelle begann – ein wichtiger Schritt für unser Dorf. Diese Straße, nicht nur ein Weg für Reisende, wurde zum Lebensnerv, als sie die Truppen von Berlin zum Truppenübungsplatz in Döberitz führte. Und seht, damals half uns ein Zuschuss von 30.000 Mark, mit dem wir nicht nur eine Straße bauten, sondern auch die Rayonbeschränkungen um Fort Hahneberg aufheben konnten. ,Wir haben Freiheit gewonnen!' könnte man hören, und das wurde damals in den Herzen der Menschen spürbar."

Er betrachtete die Gesichter in der Versammlung, die mit verschiedenen Emotionen von gestern und heute reagierten. „**1904** kam eine traurige, aber notwendige Entscheidung: unser Dorfteich, der für viele Kinder ein Spielplatz war, wurde zugeschüttet. Enten und Gänse hatten eine gewisse Unordnung gebracht – kann man das Tieren vorwerfen? – aber, meine Brüder und Schwestern, das ist der Lauf der Dinge. An seiner Stelle wurde ein Denkmal errichtet, eine Erinnerung an die Erhebung Preußens zum Kaiserreich, ein Zeichen nationalen Stolzes für viele von uns. Lasst uns mit Respekt an diesen Wandel denken und die Kaisereiche, die dort gepflanzt wurde, in unserem Herzen bewahren! Sie wird viele Generationen begleiten."

Der Pfarrer machte einen kleinen Schritt vorwärts, während die Erinnerungen in seinen Augen glitzerten: „Im Jahr 1906, meine lieben Nachbarn, wurde der Turnsportverein Staaken gegründet. Wie viele von euch, Jung und Alt, haben sich später versammelt, um Sport und Spiel zu genießen! Es war der Beginn einer neuen Gemeinschaft und eines besonderen Geistes des Miteinanders, der uns bis heute begleitet."

Die Versammlung lebte weiter auf, als er erzählte: „Damals, im Jahr **1908**, wurde die **Gemeindevisitation** durch den Generalsuperintendenten zu einer denkwürdigen Versammlung. Ihr müsst euch vorstellen, wie die Hausväter aufgerufen wurden, sich einzubringen. Der Appell an die Hausväter ist noch erhalten: „Meine Brüder, bedenken Sie, welchen furchtbaren Eindruck die Kinder von ihrem Vater bekommen, der betrunken, alberne Lieder singend und törichtes Zeug stammelnd, nach Haus kommt, vielleicht sogar Frau und Kinder schlägt. Welches also ist der größte Feind der deutschen Familie?" Der Hausvater Zimmermann stand auf, stand stramm und sagte: „Die Franzosen!". Der Generalsuperintendent lächelte nicht, sondern sprach: „Nun, das liegt nicht ganz auf der Linie, ich meine hier den inneren Feind, den übermäßigen Genuss von Branntwein."

Lasst uns immer vorsichtig sein, über welche Feinde wir reden – oft sind sie näher, als wir denken."

Er spürte die ehrliche Anteilnahme der Zuhörer und fuhr fort: „Im Jahr **1910**, ja, damals war in unserer katholischen Gemeinde ein Pfarrer tätig, der den Menschen bei uns das Wort des Herrn brachte. Eine kleine Gruppe guter Geister, die zwei Pfarrpflegerinnen, sorgten für die Seelsorge. Diese Verbindungen gehören zum Fundament unserer Gemeinschaft. Mit der Zahl der Staakener, die **1910** auf 2280 anstieg, war es klar, dass etwas Großes im Entstehen war."

Dann erzählte er von der Zukunft, einer, die vom Aufbruch in neue Höhen handelte. Sein Herz schien erfüllt von der Begeisterung für das neue **Luftschiff**, das in Staaken gebaut werden sollte.

„Liebe Gemeinde", begann er mit kräftiger Stimme, „heute möchte ich euch auch von etwas erzählen, das unsere kleine Welt hier in Staaken für immer verändern könnte. Ein Wunderwerk der Technik wird bald über unsere Köpfe hinweggleiten – ein Luftschiff! Ein riesiges, majestätisches Gefährt, das die Lüfte durchschneidet und uns allen eine verheißungsvolle Zukunft verspricht!"

Die Zuhörer schauten ihn mit großen Augen an. Einige der älteren Gemeindemitglieder rümpften skeptisch die Nase, während die Jüngeren vor Aufregung flüsterten.

„Stellt euch vor!", fuhr Pfarrer Pfautsch fort, „ein riesiger Zeppelin, der Menschen von Ort zu Ort bringt, ohne die mühsame Reise auf der Straße oder dem Wasser! Ein Luftschiff, das uns die Möglichkeit gibt, unsere Nachbarn in weit entfernten Dörfern zu besuchen, das uns Freiheit verspricht!"

Er schritt auf und ab, während seine Worte weiter durch die Kirchenwände hallten. „Die Ingenieure arbeiten mit solch einer Leidenschaft und Fähigkeiten, die uns zu neuen Höhen führen werden! Denkt nur an die Wissenschaftler, die Tag und Nacht an diesem Projekt tüfteln, die uns zeigen, was mit den Gesetzen der Natur möglich ist. Hier in Staaken, einem Ort, der vielleicht nur ein Punkt auf der Karte ist, geschieht große Geschichte!"

Ein aufgeregtes Murmeln breitete sich in der Kirche aus. Einige der älteren Männer schüttelten den Kopf, ungläubig über all die Veränderungen. Doch viele junge Frauen und Männer, die in den vorderen Reihen saßen, waren ganz hin und weg.

„Mit dem Luftschiff werden wir neue Kulturen kennenlernen, neue Geschäfte eröffnen und vielleicht sogar den Frieden mit unseren Nachbarn in fernen Ländern fördern!", rief Pfarrer Pfautsch mit glühender Überzeugung. „Es wird eine neue Ära der Zusammenarbeit und des Verständnisses beginnen, und wir, meine Lieben, sind an der Schwelle zu dieser großartigen Zukunft."

Er hielt kurz inne und ließ die Worte wirken. In diesem Moment dachte er an die Enkelkinder, die glücklich und unbeschwert aufwuchsen, ohne die Last der Ängste und Sorgen der Erwachsenen. Er wollte ihnen Hoffnung schenken.

„Lasst uns zusammenarbeiten, um dieses Wunder zu ermöglichen! Lasst uns unsere Herzen und Köpfe für die Veränderungen öffnen, die da kommen! Es liegt an uns, unseren Glauben in die Zukunft zu setzen!"

Als Pfarrer Pfautsch seine Rede beendete, herrschte eine gespannte Stille in der Kirche. Die Menschen schienen für einen Moment in eine andere Welt entflohen zu sein, eine Welt voller Möglichkeiten und Hoffnungen. Die Vorstellungen des Pfarrers hatten wie ein geheimes Band zwischen ihnen geschlungen.

Einige diskutierten lebhaft über die Worte ihres Pfarrers und die Zukunft, die ihnen bevorstand. Er ließ ihnen ein wenig Zeit, bevor er sich wieder der Geschichte der Kirche zu wand.

„Und seht, die Arbeiten an unserer geliebten Kirche, die **1913** abgeschlossen wurden! Der restaurierte Turm, ehemals vom Blitz getroffen, kehrte zurück, um zu uns zu sprechen. Und was für eine Freude es war, als Dokumente aus der Vergangenheit im Turmknopf gefunden wurden – Zeugnisse aus den Jahren **1732** und **1837,** die von euren Großeltern und Urgroßeltern erzählen. So viele tragen die Nachnamen der heutigen Konfirmanden. Wir sind eben mehr als nur Bewohner, wir sind die Träger der Geschichte dieser Erde!"

Die Augen der Menschen wurden größer, und seine Stimme wurde weicher, als er über die Gartenstadt sprach: „**1914** begannen wir, die Gartenstadt zu errichten, und wussten doch auch, dass sie eine Wandlung für Staaken darstellen würde. Und ja, es war der Weg zu einer Diversität, wie wir sie nie zuvor erlebt hatten. Für viele Arbeiter aus Spandaus Rüstungsbetrieben wurde dieses neue Leben zur Heimat – das Kämmereidorf, das wir einst waren, begann zu weichen."

„Der Erste Weltkrieg, der Beginn des Todes und des Leids, der unser Land heimsuchte, brachte auch neue Herausforderungen mit sich. Da kamen auch die Separierungen der Arbeiter und die Abspaltung der Gartenstadt von Staaken-Dorf … wieviel Streit und Hader gab es zwischen den nun reichen Bauern Staakens, deren Familien einst bettelarm hier begonnen hatte. Das hatten sie vergessen. Nun kam die Trennung … vieles wurde uns genommen, aber unser ungebrochener Geist blieb!"

„Und wir wurden getroffen von der Grippeepidemie **1918**, die uns lehrte, wie verletzlich wir sind. Doch auch in der Dunkelheit erschienen die Lichter der Hoffnung. **Eduard Lindenmeier** wurde der erste Pfarrer in der Gartenstadt, ein Mann des Glaubens, der seiner Kirche immer noch dient!"

Der Pfarrer schaute in die Runde, sah die Menschen mit interessierten Blicken vor sich.

„Trotz Krieg und in der Zeit des Wandels gründeten sich neue Gemeinschaften. Wie der Fußballverein SC Staaken, der **1919** ins Leben gerufen wurde, ein Zeichen von Zusammenhalt und Freude sogar in schwersten Zeiten."

„Aber dann kam der Tag, der alles veränderte, an dem Staaken am 1. Oktober **1920** zur Stadt Berlin gehört, zur ‚Waffenschmiede des deutschen Reiches‘ als Teil Spandaus. Das ist, meine Freunde, ein Verlust für unser Dorf gewesen, und bis heute sind wir ein Vorort, ohne wirklich einen Platz im Herzen dieser Metropole zu haben. Aber während die Zahl der Menschen wuchs, so wächst auch der Zusammenhalt," sagte er und schloss mit einem klaren Blick.

„So wie jeder von euch Teil dieser Geschichte ist, so lasst uns auch weiterhin gegenseitig stützen und sagen: 'Wir tragen die Geschichten in unseren Herzen, wir sind die lebendigen Zeugen!'"

Mit diesen Worten beendete der Pfarrer seine Erzählung, und ein warmes Gefühl des Zusammenhalts durchflutete die Menschen in der Kirche. Gemeinsam trugen sie die Erinnerungen des Dorfes in die Zukunft und erkannten, dass die wahre Essenz von Staaken nicht nur in den Steinen der Gebäude lag, sondern in den Herzen der Menschen, die die Geschichten lebendig hielten.

Der inzwischen späte Nachmittag schloss mit dem Lied „Großer Gott, wir loben dich" und den Tränen, die viele nicht zurückhalten konnten. Die Dorfbewohner gingen mit einem neuen Gefühl der Verbundenheit nach Hause, während das Licht der untergehenden Sonne die Stille über Staaken legte.

In jedem weiteren Schritt, den sie in die Straße von Staaken machten, trugen sie die Geschichten mit sich, die Karl Schulz hinterlassen hatte. Und obwohl der Lehrer nicht mehr unter ihnen war, lebte sein Geist und die lehrenden Bilder, die er gewebt hatte, in ihren Herzen weiter – eine ewige Erzählung, eingehüllt in die Geschichte von Staaken.

Ein Nachtrag

Ich erinnere mich noch gut an die Zeiten, die ich als junger Mann in Staaken verbracht habe. An einem verregneten Nachmittag im Jahr 1991 saßen wir, ich und der Pastor, in seinem kleinen, gemütlichen Büro an der Zuversichtskirche. Es war ein paar Monate nach der Wiedervereinigung, und die Welt um uns herum begann sich auf unvorhergesehene Weise zu verändern. Ich hatte ihn gefragt, ob er mir von den Jahren zwischen dem Zweiten Weltkrieg und der Wende erzählen könne, und er lächelte, als hätte er auf diesen Moment gewartet.

„Weißt du, ich bin ein Staakener, auch wenn ich jetzt einen anderen Namen habe", begann er mit einer leichten Ironie in seiner Stimme. „Wir lebten hier in einer seltsamen Zerrissenheit. Nach dem Krieg war Staaken auf einmal mehr als nur ein Ort. Es war ein Symbol – geteilt zwischen den Alliierten, zwischen den Ideologien."

Seine Augen wurden ganz ernst. „Es war am 31. August 1945, als die Grenzen gezogen wurden. Wir lebten im westlichen Teil, und ich kann mich erinnern, dass wir an einem schönen Spätsommertag draußen spielten, als wir die ersten sowjetischen Soldaten sahen. Ein mulmiges Gefühl machte sich breit. Wir wussten, dass unser Leben sich schlagartig ändern würde. Die Briten haben den östlichen Teil übernommen. Eigentlich war das merkwürdig, denn früher waren wir alle Staakener."

„Hast du die Wahlen in West-Berlin noch erlebt?", fragte ich neugierig. Er nickte. „Ja, im Jahr 1950. Wir gingen an die Urnen, obwohl wir schon einen Fuß in der Ungewissheit hatten. Es war ein letzter Aufschrei der Normalität in einer chaotischen Zeit."

Die Zeit zu erklären, die folgte, war schwieriger für ihn. „Am 1. Februar 1951 war die Volkspolizei der DDR hier und drangsalierte uns mit voller Brutalität. Sie besetzten unser Dorf wie eine dunkle Wolke. Das Eigenartige war, dass wir immer noch zu Groß-Berlin gehörten, auch wenn wir eingekesselt waren. Wir lebten in einer Art Grauzone."

Er lehnte sich zurück und betrachtete sein Fenster, als ob er durch die Zeit hindurch in seine Jugend blicken könnte. „Der Umgang mit den Behörden war ein ständiges Hin und Her. Ich erinnere mich an die Katasterunterlagen, die plötzlich wie vergessene Puzzlestücke verschwanden, die niemand mehr zusammensetzen wollte. Wir waren wie ein vergessenes Kapitel in einem Buch, das keiner mehr lesen wollte."

„Und die Telefonleitungen?", warf ich ein. „Oh, ja, das war auch ein interessantes Kapitel. Bis in die späten 80er Jahre waren wir mit Ost-Berlin verbunden. Ich erinnere mich, wie wir im Telefonbuch standen, aber irgendwann war es, als hätten wir die Verbindung zur Außenwelt verloren. Die Gespräche hatten immer einen bitteren Beigeschmack – wir sprachen über alles, aber doch nicht über die Dinge, die uns wirklich beschäftigten."

Mit einem Seufzer fuhr er fort. „Der 1. Januar 1961 war der entscheidende Tag. Wir wurden ganz an die Gemeinde Falkensee angegliedert, und wir waren für eine lange Zeit ganz aus dem Berliner Leben herausgerissen. Es war ein schleichender Verlust, den wir anfangs kaum bemerkten – so war jedenfalls mein Empfinden als junger Mann. Ich kann dir nicht sagen, wie oft ich durch die Straßen ging und die Gesichter sah. Wir kannten einander, aber dennoch fühlten wir uns wie Fremde."

Sein Blick wurde nachdenklich. „Als die Mauer fiel, war es wie ein Befreiungsschlag, aber die Wunden, die diese Teilung hinterlassen hatte, sie blieben. So viele Erinnerungen, so viele Konflikte in den Herzen der Menschen. Ich bin ein verletzter

Staakener, und auch wenn ich es nicht oft sage, die Teilung hat uns alle geprägt."

Ich saß still da und hörte ihm zu, gebannt von seiner Erzählung, die von der Hoffnung und der Trauer einer gespaltenen Gemeinschaft ein verbales Gemälde entwarf. Plötzlich wurde mir klar, dass die Geschichte, die er mir erzählte, nicht nur seine war, sondern auch die von vielen Menschen, die in der Zerrissenheit dieser Zeit lebten.

Damals kam gerade ein Pfarrer aus dem Norden zu uns, Pfr. Rauer. Oft tauschten wir uns aus … wanderten über die Felder und erzählten uns gegenseitig solche Erlebnisse.

In der Gemeinde ‚Zuversicht' planten schon einige der Gemeindeleitenden bezüglich Alt-Staaken, wie die Gemeinde im alten Dorf Staaken damals hieß. Nach den vielen Gesprächen mit Menschen jener Gemeinde empfand ich das als seltsam. Ich vermisste das vertrauensvolle Gespräch miteinander. Ich suchte mir eine neue Gemeinde, die ich in Eisenhüttenstadt fand.

Was wünscht man einem Ort, der einem zur Heimat wurde, den man aber doch selbst verlassen hat?

Ein Ort der Erinnerungen

Es war ein sonniger Nachmittag im September 2019, als ich, ein pensionierter Pfarrer, die vertrauten Straßen von Spandau entlangging. Die Stadt hatte sich in den letzten Jahren stark verändert, doch mein Herz klopfte immer noch im Rhythmus der Erinnerungen, die mich begleiteten. Ich hatte viele Jahre außerhalb Berlins gelebt, aber meine Wurzeln, meine Pastorenzeit in Staaken, blieben in meinem Herzen verankert, schon deshalb, weil ich eine gebürtige Spandauerin geheiratet hatte.

Auf meinem Weg zu einem kleinen Café, das ich in meinen jungen Jahren mal besucht hatte, traf ich einen älteren Mann, der an einer Bank saß und ein Buch las. Er blickte auf und lächelte. „Sie sehen aus, als hätte das Leben Ihnen viele Geschichten zu erzählen," bemerkte er. Sein schiefergraues Haar und die tiefen Falten in seinem Gesicht verrieten Jahre der Erfahrung.

„Ich habe tatsächlich einige Geschichten, aber heute bin ich mehr daran interessiert, die Ihres Staakens zu hören. Ich habe so viel gehört über die Veränderungen nach der Wende," antwortete ich und setzte mich neben ihn.

Er nickte und schloss das Buch. „Ich bin hier geboren und aufgewachsen. Staaken hat sich in den letzten dreißig Jahren dramatisch verändert.

1989 war ein Wendepunkt. Erinnern Sie sich an den Abend des Mauerfalls?"

Ich konnte nicht anders, als zu nicken. „Ja, ich erinnere mich. Auch wenn ich damals nicht in Berlin, sondern in Südindien lebte, war die Aufregung in der Luft spürbar, selbst am anderen Ende der Welt. Der Wind des Wandels wehte über uns alle."

„Die Nacht des Mauerfalls war für viele ein Geschenk, für andere eine Herausforderung. Im Osten wurde das Berlin-Gefühl neu erfunden, und wir hier in Staaken schmeckten das erste Mal die Freiheit. Am 3. Oktober 1990 schlossen sich die beiden Teile schließlich zu einem Ganzen. Es war wie eine Wiedergeburt."

Er sprach mit einer solchen Leidenschaft, dass ich ihm aufmerksam lauschte. „Die Einfamilienhäuser in Albrechtshof wurden zu einem Zufluchtsort für viele, die im Westen nach Heimat suchten. Zu sehen, wie unsere Nachbarn und Freunde nach Jahren der Trennung zurückkamen, war auch überwältigend. Die Kleinstadt war plötzlich lebendiger, bunter – aber auch etwas chaotisch."

„Es muss kein leichter Übergang gewesen sein," antwortete ich. „Gab es Ängste oder Konflikte?"

„Natürlich. Der Wechsel war nicht ohne Spannungen. Alte Karten und Identitäten waren plötzlich bedeutungslos. Menschen, die sich einerseits

Freude schenkten, hatten andererseits Angst, ihre eigene Identität zu verlieren. Aber hier in Staaken, wo so viele unterschiedliche Geschichten aufeinandertrafen, wuchsen Freundschaften aus diesem Chaos. Ein schönes Beispiel war der Grenzübergang Heerstraße. Er war kein Zaun mehr, sondern eine Erinnerung. Ein Symbol der Teilung und des Zusammenkommens. Ich erinnere mich an die ersten Tage nach der Öffnung. Es kamen Menschen von überallher, sie lachten und weinten!" Sein Gesicht strahlte, als er sprach.

Er machte eine kurze Pause, und ich bemerkte, wie die Erinnerungen in seinen Augen glänzte. „Die Stadt hat sich verändert, aber die Essenz ist geblieben. Als die neuen Häuser gebaut wurden und die alten renoviert wurden, blühten auch die Herzen der Menschen auf. Bessere Schulen, neue Geschäfte – alles wurde zugänglicher. Der ländliche Charakter von Albrechtshof erstrahlte in einem neuen Licht. Heute haben wir einen Mix aus Tradition und Moderne."

„Und doch gibt es noch immer alte Wunden?" fragte ich sanft.

„Ja, die wird es immer geben. Die Geschichten der Flüchtlinge, die über die Hamburger Bahn in den Westen gelangten, die Erzählungen über den Lokführer Harry Deterling – sie sind nicht vergessen. Wir müssen diese Erinnerungen bewahren, nicht nur für uns, sondern auch für die kommenden Generationen. Wir dürfen nicht zulassen, dass die Vergangenheit im Schatten der neuen Entwicklungen verschwindet."

Wir schwiegen einen Moment, während wir beide in Gedanken versunken waren. Ich dachte an all die Geschichten, die ich als Pastor erlebt hatte, und die neuen Geschichten, die ich nun wie frische Brötchen mit nach Hause nehmen würde. Ein Teil von mir fühlte sich in diesem Moment wieder in Staaken und Spandau - als Pfarrer, der zwischen Geschichten und Menschen wanderte, um gemeinsam zu beten, zu trauern und zu feiern.

„Weißt du, es gibt Melodien, die nie verstummen," sagte der Mann schließlich. „Die Melodien der ehemaligen Stimmen, die hier durch die Straßen hallten, die Geschichten, die zum Leben erweckt werden müssen. Wenn wir sie erzählen, geben wir ihnen ein Stück Unsterblichkeit."

„Das denke ich auch," antwortete ich. „Die Zukunft ist wichtig, aber die Vergangenheit, sie formt unser Heute."

Als der Abend dämmerte, verabschiedete ich mich von dem Mann und machte mich auf den Weg zu einem Platz, der mir einst so vertraut war. Ich wusste, dass ich nicht nur zurückgekehrt war, um

Erinnerungen zu beleben, sondern auch, um neuen Geschichten Raum zu geben – Geschichten des Zusammenkommens, des Wandels und der Hoffnung.

Staaken - Visionen einer Zukunft

Die glühenden Strahlen der Abendsonne fielen sanft auf das neu gestaltete Zentrum von Staaken, das in den letzten sechs Jahrzehnten im Bereich des Magistratswegs, der alten Grenze zwischen Staaken und Spandau, einen bemerkenswerten Wandel durchgemacht hatte. Ich dachte bei mir: Wie wird das Jahr 2045 hier sein, und die Landschaft, die einst durch Tradition und Geschichte geprägt war, würde sich wohl in ein modernes, pulsierendes Zentrum verwandeln, in dem alte Wurzeln mit frischem, zukunftsorientiertem Denken verschmolzen.

Als ich nun durch die belebten Straßen schlenderte, wurde ich von dem Gefühl der Hoffnung und des Wandels erfüllt. Die alten Backsteinhäuser, die die Kindheit vieler prägten, waren elegant renoviert worden, während breitere Straßen und lebendige Plätze das Gesicht des Orts erneuerten. Grünflächen durchbrachen den Neubausiedlungen, und moderne Kunstwerke entlang der Gehwege erzählten Geschichten von verschiedenen Kulturen und Gemeinschaften, die hier zusammenkamen.

„Willkommen in der Zukunft, Pastor!" rief eine fröhliche Stimme. Es war eine junge Frau (aus meiner Sicht sind alle um die 50 jung), die aktive Leiterin eines neuen Kulturzentrums, das in einem ehemaligen Fabrikgebäude untergebracht war. Sie sagte, dass sie bei mir Konfirmandin war. „Wir kürzen gerade das Programm für das nächste Festival der Kulturen. Es wird ein großartiges Event – wo viele verschiedene Menschen ihre Traditionen und Geschmäcker präsentieren werden!"

Ich spürte die Energie, die die Stadt durchdrang. „Das klingt fantastisch, meine Liebe. Es ist ermutigend zu sehen, wie Staaken nach all den Umbrüchen zusammenwächst."

„Ja," nickte sie. „Wir begegnen uns nicht länger als Fremde, sondern als Nachbarn, die sich gegenseitig unterstützen und integrieren. Es gibt immer noch viele Herausforderungen, aber die Vision einer inklusiven Gemeinschaft hat uns alle zusammengebracht. Die jungen Leute hier wollen gemeinsam Neues schaffen – die Integration der alten und neuen Geschichten ist unsere Stärke – eigentlich wie in einem kleinen Dorf."

„Sprechen wir über die Zukunft der Bildung," sagte ich, während wir uns einer neuen Schule näherten. Der Neubau war eine architektonische Meisterleistung, die von den Prinzipien der Nachhaltigkeit und neuen Lehrmethoden geprägt war. „Wie ist die

Reaktion der Jugend auf die neuen Möglich-keiten?"

„Es ist erstaunlich! Die Schüler haben Zugriff auf modernste Technologien und unternehmen inter-disziplinäre Projekte mit Nachbarstädten. Unsere digitale Plattform verbindet nicht nur Lernende, sondern auch die Alten. Es ist wichtig, dass Wis-sen und Werte zwischen den Generationen ausge-tauscht werden," erklärte die junge Frau enthusia-stisch.

„Das klingt, als würde das Erbe des Ortes lebendig gehalten werden," bemerkte ich. „Gerade das ist entscheidend, wenn wir in die Zukunft schauen. Unsere Geschichte hilft uns, Identität zu finden und Identität zu bewahren."

Sie führte mich weiter zu einem neuen „Kreu-zungsplatz", einem Ort, wo verschiedene Straßen zusammenkamen und ein Platz, der das Herz von Staaken bildete. Hier an der Obstallee befanden sich Cafés, Kunstläden und Community-Treff-punkte, die den Austausch von Ideen und Kreativi-tät förderten. Ein Ort des Zusammenkommens für alle.

„Ich habe das Gefühl, dass wir langsam die Wun-den der Vergangenheit heilen und ein harmoni-sches Zusammenleben schaffen", sagte meine Begleiterin. „Die sozialen Projekte, die hier ent-standen sind, gehören zu den besten Initiativen, die ich je gesehen habe. Ähnliches planen wir um die alte Dorfkirche und am Brunsbütteler Damm, Ecke Magistratsweg, aber so, dass die Zentren miteinander kommunizieren. Keine Ideologie soll diese Zentren mehr trennen."

Mit einem Blick auf die lebhaften Menschenmengen, die zusammenkamen um zu diskutieren, zu lachen und sich auszutauschen, empfand ich wie ein Aufgehobensein. Die Kinder spielten im Park, die Eltern schauten ihnen lächelnd zu, während die Senioren am Rand saßen und ihre Geschichten erzählten.

„Junge Menschen und Alte in einer Gemeinschaft; es klingt so … harmonisch," sagte ich mehr für mich.

„Das ist es auch. Die Gemeinschaft hat sich den Herausforderungen angepasst, und wie ein Baum, dessen Wurzeln fest im untersten Boden verankert sind, kann sie stark wachsen und sich gleichzeitig in neue Höhen ausdehnen."

„Das ist eine wunderschöne Metapher, meine Liebe," sagte ich und sah die Sonnenstrahlen, die sich durch die Blätter der Bäume schnitten. „Lasst uns nicht vergessen, dass wir für die Zukunft auch Verantwortung tragen. Es ist wichtig, dass den kommenden Generationen nicht nur wirtschaftliche Werte vermittelt werden, sondern auch ethische und geistliche Grundlagen, um Frieden und Zusammenhalt zu fördern."

In diesen Momenten war es, als ob die Zeit still-stand. Ich wusste, dass unge-achtet der technologischen Fort-schritte, des urbanen Wachs-tums und des kulturellen Aus-tausches auch die geistigen Wurzeln wichtig waren, um die Verbindung zur Vergangenheit zu stärken und einen Sinn im Leben zu finden.

„Du hast recht, Pastor. Wir müssen sicherstellen, dass unsere Gemeinschaft eine integrative, för-dernde und unterstützende Atmosphäre schafft. Nur dann sind wir bereit für die Zukunft," sagte meine Begleiterin bestimmt.

Ich nickte und in mir kam ein tiefes Gefühl der Dankbarkeit auf. Staaken hatte eine Geschichte – eine Geschichte des Wandels und der Hoffnung. Die Zukunft war nicht nur ein ferner Traum, son-dern ein aktives, lebendiges Erlebnis, das die Men-schen zusammenbringen würde, um eine bessere Welt zu schaffen.

Als die Dämmerung hereinbrach und die ersten Sterne am Himmel zu leuchten begannen, sah ich auf die Kinder im Park, die fröhlich miteinander spielten, und wusste: Staaken hatte alle Chancen,

den Bedürfnissen der Gemeinschaft zu begegnen
und Geschichten zu schaffen, die
über Generationen weitergegeben
werden würden. Die Zukunft war
hier – bunt, vielfältig und voller Hoffnung.